Biblioteca
Walter Riso

LA FIDELIDAD ES MUCHO MÁS QUE AMOR

Cómo prevenir y afrontar los problemas de la infidelidad

WALTER RISO

LA FIDELIDAD ES MUCHO MÁS QUE AMOR

Cómo prevenir y afrontar los problemas de la infidelidad

OCEANO

Diseño de portada: Leonel Sagahón / Jazbeck Gámez

LA FIDELIDAD ES MUCHO MÁS QUE AMOR
Cómo prevenir y afrontar los problemas de la infidelidad

© 2000, 2012, Walter Riso
c/o Guillermo Schavelzon & Asociados Agencia Literaria
www.schavelzon.com

D. R. © Editorial Océano de México, S.A. de C.V.
Blvd. Manuel Ávila Camacho 76, piso 10
Col. Lomas de Chapultepec
Miguel Hidalgo, C.P. 11000, México, D.F.
Tel. (55) 9178 5100 • info@oceano.com.mx

Para su comercialización exclusiva en México, países de Centroamérica
y del Caribe, Estados Unidos y Puerto Rico.

Primera reimpresión en Océano: octubre, 2012

ISBN: 978-607-400-769-5

Impreso en México / Printed in Mexico

Para Iris,
a quien es fácil serle fiel.

El hombre es fuego, la mujer estopa,
y viene el viento y sopla.

ANÓNIMO

Índice

Introducción

Un número cada vez mayor de personas es infiel a sus parejas. No importa la clase social, la cultura o el nivel educacional; dadas ciertas condiciones, cualquiera puede caer en el juego de la aventura "prohibida". A veces Eros flecha por la espalda. Los consultorios de psicología están repletos de personas que creyéndose intocables terminaron involucradas en las más retorcidas aventuras o en relaciones de amantes especialmente complejas y difíciles de terminar. Los individuos que sostienen vidas paralelas entre su pareja y su amante suelen estar atrapados por un conflicto aparentemente irresoluble porque lo quieren todo: "No soy capaz de dejar a mi amante ni a mi pareja". Y mientras la indecisión se mantiene, la contradicción se agudiza. En lo más profundo de su ser, los que han abierto sucursales afectivo/sexuales quisieran unir a sus dos "medias naranjas" mágicamente y crear un Frankenstein amoroso que resuelva la esquizofrenia emocional. Lo que llama la atención es que la mayoría cree que el milagro es posible. El conflicto inmoviliza e idiotiza, los envuelve en un limbo donde nada prospera y los aspectos más vitales quedan suspendidos o funcionando a media máquina opacados por una pasión o un "amor" fuera de serie.

La infidelidad es la principal causa de divorcio y maltrato conyugal. Es motivo de depresión, estrés, ansiedad, pérdida de autoestima y una gran cantidad de alteraciones psicológicas; es el lado más traumático del amor descarrilado. ¿Qué es ser infiel? Romper traicioneramente un acuerdo afectivo/sexual preestablecido. Todo comportamiento infiel tiene una dimensión ética que no podemos evadir, porque, entre otras cosas, lo que más duele es la mentira y la trampa de la persona amada. La persona infiel, bajo los efectos del enamoramiento o la atracción sexual, suele ser víctima de una mutación, una transformación radical en sus principios, en sus metas y motivaciones básicas, de allí que el engañado o engañada consideren que su pareja "ya no es la misma". La infidelidad afecta a todos los implicados y no para bien: no queda títere con cabeza y todo vuela por los aires.

Considerando la importancia del tema y sus tremendas implicaciones para la salud mental y la supervivencia de la estructura familiar, es natural que se intente prevenir el comportamiento infiel. Esto no significa que uno deba insistir y persistir irracionalmente en una relación de pareja enfermiza o sufriente, sino que hay métodos mejores y más inteligentes que buscarse un sustituto para compensar el déficit. Una separación bien llevada siempre es mejor que una vida repleta de engaños. La excusa. "Tengo amante porque mi pareja es un desastre" no tiene mucho sentido, porque si es "un desastre", ¿para qué seguir allí? ¿No sería mejor ser libre para estar con alguien que valga la pena y sin infidelidades?

La mejor manera de prevenir la infidelidad es conocer su dinámica, desprenderse de los mitos que la rodean, entender cómo se nos cuela y descubrir las causas que la ponen en funcionamiento. Este conocimiento "sustentado", junto a una actitud objetiva frente al problema, nos llevará a una conclusión interesante: para ser fiel hay que mantenerse en un estado de "alerta naranja". La fidelidad no es ausencia de deseo (nadie puede asegurar que nunca le gustará nadie más), sino producto de la voluntad y una decisión consciente. En otras palabras: la fidelidad es autocontrol y evitación a tiempo. Cuando sospechamos que alguien puede llegar a gustarnos de verdad (en el sentido de movernos el piso) o cuando sentimos el primer pinchazo de la atracción y no queremos ser infieles, la mejor opción es alejarnos de la tentación y no jugar con fuego. Como veremos a lo largo del libro, resulta paradójico que sean precisamente las personas que se perciben a sí mismas como radicalmente "incorruptibles" las que más probabilidades tienen de enredarse en amores clandestinos. ¿La razón? La mayoría está convencida de que el amor les provee de una armadura a prueba de encantos y los hace inmunes a la infidelidad. Insisto: la fidelidad es un acto de la voluntad, no del corazón.

Este libro tiene dos partes. En la primera, "Entender la infidelidad", analizo la problemática en cuestión con ejemplos que puedan aplicarse a la vida cotidiana, a la vez que intento responder a las preguntas más comunes que la gente se hace al respecto ("¿qué es ser infiel?", "¿cómo saber que mi pareja es infiel?", "¿por qué somos infieles?"). Se revisan además las consecuencias y las secuelas psicológicas de la infidelidad y sus causas principales.

En la segunda parte, "La infidelidad en acción", muestro casos concretos y reales, en los que se resaltan sus causas más comunes; en cada apartado propongo un espacio de reflexión y sugerencias para intentar ser fiel. Los temas son: "Sobrestimar el amor", "En busca del amor perfecto", "La venganza", "Los legados familiares y genéticos", "Buscar afuera lo que no se tiene en casa", "Comprar amor y aceptación", "Asuntos inconclusos: el regreso del primer amor" y "Nunca es tarde para ser infiel".

Finalmente, en el epílogo, titulado "¿Es posible ser fiel?", resumo y sistematizo los aspectos más importantes tratados anteriormente.

El presente libro pretende poner al alcance de los lectores información actualizada y útil sobre el tema de la infidelidad y sus consecuencias, para prevenirla, afrontarla y sobrevivir a ella. Más allá de la frustración y el sufrimiento que genera la estafa afectiva, siempre hay un reducto de dignidad personal que es posible activar, un resto de fortaleza que, pese al dolor, nos hace salir a flote y recuperar nuestra aporreada autoestima.

PARTE I

ENTENDER LA INFIDELIDAD

*Las cadenas del matrimonio son tan pesadas
que se necesitan por lo menos dos personas
para llevarlas… a veces tres.*
ALEJANDRO DUMAS

¿Fidelidad bioquímica o fidelidad mental?

La infidelidad parece ser un fenómeno universal. No importa la etnia, la educación o el tipo de religión que se profese, un fogoso diablillo interior empuja a millones de personas a engañar a su pareja. Si promediamos los resultados de las investigaciones más importantes que han estudiado el tema podríamos decir que más de cincuenta por ciento de la población occidental es infiel, lo ha sido o lo será. Esto, sin tener en cuenta la existencia de una cifra "negra" de amores prohibidos que se ocultan en las encuestas por miedo a las consecuencias sociales. Obviamente somos reacios a contar nuestras intimidades y más cuando son "pecaminosas" o rayan en alguna perversión "inmoral". No quiero ni pensar lo que ocurriría si los sacerdotes hicieran públicas sus confesiones sobre cuántas personas son infieles y quiénes son. La sorpresa sería mayúscula: "¿Fulanito? ¡No puede ser!", "¿Fulanita? ¡Pero si pregonaba su castidad y era casi una santa!". Los psicólogos clínicos, menos discretos que los curas, afirman que setenta por ciento de sus pacientes andan enredados en relaciones indebidas, y más de cuarenta por ciento de las consultas están motivadas, directa o indirectamente, por el asunto de los amantes y las relaciones extramaritales.

Considerando que cerca de la mitad de la gente se "porta bien" y mantiene sus compromisos, cabe preguntarse: ¿cómo hacen estos individuos para mantenerse fieles? ¿Qué mecanismo explica su lealtad afectiva? Los expertos afirman que estas personas utilizan al menos dos formas básicas de fidelidad, que difieren en cuanto a sus procesos de formación.

La primera surge del sentimiento intenso, dramático y bioquímicamente exclusivista del enamoramiento. Bajo su gobierno, la relación se sella y nadie más tiene cabida, ya que el "amado" o la "amada" ocupan todo el espacio afectivo/sexual del que es capaz el sujeto. El enamoramiento conlleva una fidelidad que no depende de la voluntad, sino de una inundación emocional que arrasa con cualquier extraño que quiera entrometerse. Cuando el flechazo da en el blanco, somos radicalmente fieles, sin concesiones ni excusas: mientras dure el ímpetu del enamoramiento la probabilidad de ser infiel es prácticamente igual a cero. Una mujer, víctima de un amor pasional, ciego y recalcitrante, me decía: "No existe nadie más que él… ¿Otros hombres? Para mí son totalmente indiferentes y hasta me fastidian". En la fidelidad bioquímica, la "decisión de ser fiel" no es producto de la mente y sus convicciones sino del mero instinto de supervivencia, porque ningún organismo tolera dos enamoramientos al mismo tiempo.

El segundo tipo de fidelidad depende más del razonamiento y la voluntad. Cuando Eros baja su energía o todavía no se ha instalado con fuerza, el sistema límbico, responsable de las emociones básicas y el sexo, cede paso a la corteza cerebral y a su capacidad de reflexionar. En situaciones de alto riesgo, los que practican esta "fidelidad mental/racional" actúan antes de que el enredo prospere. Lo que guía la acción es un cuestionamiento esencial, razonado y razonable, que evalúa el costo/beneficio: "¿Se justifica, es saludable o conveniente poner en riesgo mi relación de pareja?". Si la respuesta es "no", la opción más saludable es decir: "*Vade retro,*

NILES PUBLIC LIBRARY

Niles Public Library
Checkout Receipt

Customer ID: **********7069

Title: Un verdadero despertar : el secreto para
resolver todos sus problemas
ID: 31491010813461
Due: 4/28/2016,23:59

Total items: 1
4/7/2016 5:41 PM

Thank you for using the
3M SelfCheck™ System.

Mon-Thu 9-9, Fri 9-7
Sat 9-5, Sun 1-5

Renew by going online.
www.nileslibrary.org
1-847-663-1234

Satanás" y correr en dirección contraria. De esta manera, la decisión pensada y sopesada de ser fiel (que para la mayoría es la que más vale) no surge de la ausencia del deseo, sino del autocontrol y la evitación a tiempo. ¿Y si el tsunami ya se desató? El mismo autocontrol multiplicado por cien y ayuda profesional a discreción.

Mucha gente no busca la aventura, simplemente la encuentra y sucumbe. Jamás imagina que podría pasarle a ella, porque se sentía protegida por un amor a prueba de balas. Recuerdo un grupo de cinco amigas felizmente casadas, con edades que oscilaban alrededor de los cuarenta años, que se fueron a un viaje desde Sudamérica a Europa y Tierra Santa. A las tres semanas, todas, sin excepción, habían tenido aventuras. Unas se fascinaron por la simpatía de los españoles, otra debutó en la buhardilla de un pintor desconocido y no faltó quien cayera en la trampa del romanticismo italiano; y lo más sorprendente: ninguna había sido infiel antes del periplo. Una de ellas resumió así el sentir del grupo: "Estábamos lejos, nadie nos conocía… La luna, el vino, la complicidad de las amigas… El anonimato nos favorecía… Fue una locura… En Tierra Santa no hicimos más que rezar". En el tema de la infidelidad, que no quepa duda, la ocasión hace al ladrón, con un agregado: el infractor va perfeccionando el *modus operandi* y aprende rápidamente a no dejar pistas.

¿Cómo alcanzar una fidelidad saludable y bien administrada? Las personas que se mantienen fieles a largo plazo, además del autocontrol y la evitación a tiempo ya mencionados (que nunca deben perderse), mezclan equilibradamente tres facetas del amor: *a*) deseo sexual satisfactorio, *b*) amistad y comunicación abierta y *c*) una actitud de cuidado y preocupación por el bienestar del otro. Dicen los que saben que eso da resultado.

La contradicción esencial: "No quiero ser infiel, pero..."

Noventa por ciento de la población mundial piensa que la fidelidad es un requisito imprescindible para que las relaciones de pareja se puedan desarrollar de manera sana; la mayoría afirma que la infidelidad no es negociable y que jamás aceptarían un amor compartido. Eso dicen... pero en la práctica, muchos entregan las armas con una facilidad increíble. Que la fidelidad sea admirada y proclamada a los cuatro vientos tiene su razón de ser, ya que la infidelidad es la primera causa de divorcio y maltrato conyugal; no obstante, pese a esta aparente claridad conceptual, la mayoría sostiene relaciones paralelas y se desliza por los extramuros de la pasión proscrita. A pesar de las buenas intenciones, las campañas reformadoras y los golpes de pecho, la generalidad de los humanos sigue siendo "fiel a la infidelidad".

En todas las culturas, desde la lejana Polinesia hasta la más atiborrada ciudad industrial, el engaño se cuela, muerde y lastima. No existe sociedad alguna donde el adulterio sea desconocido, ni método que lo haya extirpado de raíz: muerte vil, torturas, decapitación, castración, rechazo social, sanción moral, excomunión, hoguera, psicología y amputaciones no han podido frenar a los aventureros y aventureras del amor oculto. Mientras que en la década de los cincuenta del siglo pasado los hombres infieles se demoraban once años en tener una amante y las mujeres catorce, hoy tardamos menos de la mitad del tiempo. Antes esperábamos la crisis de los cuarenta o el aburrimiento de los cincuenta para coquetearle al adulterio; hoy dejamos de ser fieles antes de los veinticinco años.

Un paciente me decía: "Lo admito: soy una contradicción ambulante... No sé qué hacer: si soy infiel me siento culpable y si no veo a mi amiga me dan ataques de pánico. Le digo a todo el mundo que estoy en desacuerdo con el engaño y no soy capaz de vivir sin mi amante… Creo que tengo dos personalidades". O tenía una partida en dos. Todos los días se debatía entre el "ser y no ser", el "puedo y no debo" o el "quiero y no puedo", hasta que daba el brazo a torcer. Mi paciente había creado una adicción a su amiga. Cuando se encontraba con ella en la habitación de algún hotel de paso, todo el estrés desaparecía y el deseo hacía de las suyas. Junto a su "segunda media naranja" tocaba el cielo con las manos y la vida adquiría un brillo especial: demasiado placer para mantenerse coherente. Al día de hoy, no se ha separado de su esposa ni ha dejado a su amante. Allí sigue: inmóvil y atrapado en una ambivalencia amorosa que no parece tener fin.

¿Tendrán razón aquellos que afirman que somos monógamos por vocación e infieles por naturaleza? ¿Quién no ha sentido alguna vez que el cuerpo tira para un lado y los juramentos para el otro? Los que han vivido esa lucha interior saben a qué me refiero. En los conflictos afectivos hay que aprender a perder para empezar de nuevo.

Los casos que veremos más adelante son verídicos y muestran claramente la contradicción esencial que caracteriza a infinidad personas en el mundo: *queremos exclusividad, la demandamos, la exigimos, la buscamos, pero al mismo tiempo la violamos; parecería que el ideal de muchos hombres y mujeres es tener una base afectivo/sexual segura, y otra no tan permanente y complementaria, pero altamente excitante.*

¿Qué es ser infiel?

No hay un acuerdo general sobre qué significa exactamente ser infiel. De acuerdo con las creencias, la historia personal/cultural y los valores que manejemos, construiremos una forma de definir y vivir la fidelidad. Para algunos la infidelidad implica necesariamente haber tenido un contacto sexual completo. Para otros, el coito no es un requisito para que la conducta infiel se configure, basta con tener arrumacos, besos y caricias o incluso "amistades ocultas", así sean platónicas. Y para los más estrictos y acuciosos también existe un "adulterio mental", donde se involucra lo que uno piensa, lo que uno imagina y hasta lo que uno sueña.

Un joven paciente llegó a mi consultorio con una marcada preocupación: "Le soy infiel a mi novia con muchas mujeres y de todas las edades. Me siento muy mal porque además eyaculo… En realidad no me doy cuenta cuando lo hago, pero ocurre… No lo puedo evitar, es más fuerte que yo". Cuando le pregunté quiénes eran estas mujeres y cómo llegaba a ellas, me respondió: "No son reales, ocurre cuando duermo… Bueno, en realidad sí son reales, pero en el sueño". A sus dieciocho años nunca había hecho el amor con una mujer y parece que su organismo protestaba enérgicamente por ello. Él y su novia habían acordado tres reglas básicas frente a la sexualidad: *a*) sólo besos y nada de caricias íntimas, *b*) llegar vírgenes al matrimonio y *c*) jamás desear a otra persona distinta que la pareja. Juraron y prometieron solemnemente que bajo ningún motivo y condición se quebraría el mandato. Sin embargo, mi paciente no contaba con la reacción automática de su cuerpo. Desesperanzado y sin saber qué hacer, me confesó en una ocasión: "Yo logro ser fiel cuando estoy despierto, pero pierdo el control cuando duermo". Le respondí que uno no podía hacerse responsable de lo que su subconsciente sacara a relucir por la noche y le expliqué que las poluciones nocturnas eran normales si no existía ningún tipo de actividad sexual, pero no tuve mucho éxito: el sentimiento de ser un traidor a la causa era demasiado fuerte. A la semana, Angelina Jolie agravó las cosas. Luego de ver una de sus películas mi paciente tuvo un enredo imaginario con ella (que no fue precisamente una pesadilla), y como la actriz era una mujer odiada por su novia, el "engaño" adquirió un dimensión cuasi trágica. Un día cualquiera tomó la decisión de expiar su culpa, liberarse de los demonios y contarle todo a su novia. Me preguntó qué pensaba yo al respecto, y le recomendé no hacerlo hasta no tener las cosas claras, pero no me hizo caso. El resultado de su sinceridad fue un desastre: la jovencita lo escuchó atentamente y luego de pedirle hasta los más mínimos detalles le propinó una fuerte cachetada y le gritó que no quería volver a verlo en su vida. A partir de ese momento, el motivo de consulta dio un giro: "¿Cómo hago para reconquistarla?". Y eso mismo me pregunté yo. ¿Cómo jurar no soñar lo que "no se debe"? ¿Cómo comprometerse a que el lado oculto del cerebro deje de funcionar? La fidelidad exigida era radical: pensamiento, palabra y obra, y ninguna eyaculación.

¿Nunca has tenido alguna fantasía con tu actor o actriz preferida? O sin ir tan lejos, ¿con alguien de tu mundo circundante? ¿No tienes secretos archivados que harían avergonzar a más de uno o una? Que alguien tire la primera piedra si no. No desear, no imaginar y no fantasear en lo absoluto suele ser demasiado para la mayoría de las personas, a menos que sean practicantes activas de alguna comunidad o secta religiosa.

Desafortunada o afortunadamente, al mundo psicológico privado no tiene acceso sino el "transgresor" de la norma, y quizá sea mejor no esculcar demasiado: no vaya a ser que nos pase como al personaje de la película de Stanley Kubrick *Ojos bien cerrados*, que cuando se entera de las fantasías sexuales no confesadas de su pareja desarrolla una severa crisis de inseguridad. Al hombre nunca se le había cruzado por la cabeza que su esposa pudiera tener juegos sexuales mentales donde él no estuviera presente. El pensamiento que subyace a esta reacción de desconcierto y miedo es como sigue: "Compartir las fantasías juntos me agrada y nos une, pero que las experimente sin tenerme en cuenta es una forma de exclusión". Insisto: si la relación es buena y satisfactoria y no hay infidelidades "reales", sería saludable "cerrar bien los ojos" y no explorar el lado oscuro de la persona que amamos, a no ser que seamos invitados a hacerlo.

A sabiendas de la dificultad que pueden acarrear las definiciones, consideraré la infidelidad (la nuestra, occidental) como *la ruptura inadecuada (deshonesta, oculta, traicionera o engañosa) de un pacto o acuerdo (tácito o implícito) afectivo, sexual, o ambas cosas, preestablecido (generalmente de exclusividad)*.

Analicemos dos aspectos centrales de esta definición.

La deshonestidad de la ruptura

La infidelidad siempre implica algún tipo de "estafa" afectivo/sexual. La mayoría de los pactos puede romperse, cambiarse, revisarse o reestructurase, pero lo verdaderamente importante es la forma de hacerlo, la transparencia. Algunos pacientes intentan justificar la infidelidad argumentando que su matrimonio es un desastre y que ellos tienen el derecho de ser felices. Nadie lo duda, la paz y la tranquilidad afectiva es un derecho. Lo que se cuestiona es la forma de resolver el problema. Si tu relación es verdaderamente difícil y te amarga la vida, pide ayuda profesional o sepárate y empieza de nuevo. Y cuando hayas procesado el impacto de la ruptura y sepas qué es lo que quieres, tira tus redes, entra al juego de la conquista, deja que alguien que valga la pena te enamore. ¿Los hijos? Prefieren salir de un hogar destruido a quedarse en él. ¿No es mejor una separación honesta, donde tu conciencia esté tranquila, que mantener una doble relación basada en mentiras y engaños de todo tipo? Repito: una separación matrimonial motivada por una vida infeliz y sin sentido, donde el amor y el respeto se acabaron, es más aconsejable que conseguir un amante o empezar a sumar aventuras. Mi experiencia como terapeuta es que cuando la verdad está a flor de piel y los canales de comunicación están abiertos, la probabilidad de establecer romances solapados disminuye sustancialmente.

Si tu pareja te dijera: "Hay alguien que me está gustando mucho… No he tenido ningún contacto con esa persona, más allá de unas conversaciones informales. Pero temo que podría ir a mayores… Quería contártelo para ver qué hacemos, necesito que me ayudes a que lo nuestro no se acabe", ¿habría infidelidad? En principio no, aunque duela. No hay ruptura "inadecuada" o "traicionera", o mejor: ni siquiera hay ruptura (a no ser que el pacto sea "jamás me sentiré atraído por otra persona", lo que no deja de ser irracional).

Supongamos esta confesión a quemarropa: "Ya no te quiero, ya no deseo seguir en este matrimonio. Quiero a otra persona, aunque ella no lo sabe y no sé si pasará algo, prefiero tomarme un tiempo… No me di cuenta de cómo y cuándo fue creciendo mi sentimiento, la verdad es que lo subestimé, pero me equivoqué. Sé que corro el riesgo de que si luego me arrepiento, no me aceptes… Aun así, no quiero engañarte". ¿Cómo analizar este entuerto? Hay sin duda una dosis significativa de honestidad; sin embargo, quedan dudas, porque la pareja tiene el derecho a la información *a tiempo*, sobre todo cuando los hechos pueden afectarla directamente. No me refiero al juego de las fantasías individuales, como ya vimos, sino a situaciones reales que pongan en peligro la estabilidad del vínculo y de quienes lo forman. Pese a su aparente arrepentimiento, el sujeto no comunicó lo que estaba ocurriendo y guardó para sí lo que sentía (me refiero al amor por la otra persona y al desamor por su pareja). Quizá no haya habido infidelidad en sentido estricto del término, pero sí ocultación de los hechos. Cuando lo destapó, ya no había nada que hacer. Ante la posibilidad de una infidelidad, si queremos salvar la relación todo es importante. Hasta las cosas más intrascendentes merecen ser tenidas en cuenta, porque si no hacemos nada el prospecto de amor crecerá como espuma.

La fidelidad y los acuerdos previamente establecidos

El adulterio debe enmarcarse en el tipo de compromiso que ha establecido la pareja (exclusividad afectivo/sexual, vínculo para toda la vida, matrimonio abierto o semiabierto). El asunto parece claro: cuando los pactos se cumplen, hay fidelidad, y cuando no se cumplen solapadamente, hay trampa. Muy pocas personas se toman el trabajo de hacer explícitos los detalles de los acuerdos que establecieron con sus parejas, las excepciones y la letra pequeña de los mismos. Damos por sentado que vamos en el mismo tren, y no siempre es así.

Si lo determinante es no faltar engañosamente a un pacto preestablecido, debemos concluir que no toda relación extramatrimonial implica necesariamente infidelidad, porque hay acuerdos que no son de exclusividad. Una pareja que asistía a mi consultorio tenía el siguiente trato: el último jueves de cada mes cada uno cada podía salir por su cuenta y hacer lo que quisiera, sin dar explicaciones al otro (claro está, teniendo en cuenta todos los cuidados físicos que demanda una aventura responsable). El día después de la salida, todo se manejaba con cortesía y nada de reproches: "Cómo te fue?"; "Bien, gracias, ¿y a ti?"; "Muy bien, muy bien". El pacto excluía el aspecto afectivo, es decir, comprometerse emocionalmente con las "aventuras" no era aceptado y debía ser evitado a toda costa o comunicado a tiempo. ¿Cuál era el motivo de la consulta? La señora quería incrementar las escapadas a dos jueves por mes, mientras que él solo aceptaba un día. ¿Celos? Quizás. El hombre afirmaba: "Un jueves, está bien, pero dos, ya no me gusta, me preocupo y me asaltan dudas". Muy pocas cosas son tan idiosincrásicas como los celos, ya que cada quien los inventa y organiza según sus criterios y capacidad de aguante. Finalmente el hombre aceptó a regañadientes la propuesta de los dos jueves, no sin la sospecha de que su esposa andaba en "cosas raras". ¿Había engaño o infidelidad los días en que salía cada cual por su lado? Obviamente no. Ése era el pacto que habían convenido de común acuerdo. Basta pensar en las parejas *swingers*, independientemente de que aceptemos o no sus prácticas, para entender que no toda relación extramatrimonial o fuera de la pareja constituye infidelidad.

No obstante, la generalidad de las personas no aceptan compromisos parciales que dejen por fuera la exclusividad, menos aún la exclusividad emocional. ¿Qué es peor: la ausencia de amor o la ausencia de deseo? Muchos perdonan un desliz sexual, pero el engaño afectivo, el que pone en juego el sentimiento amoroso, es algo que carcome al damnificado y elimina de cuajo cualquier posibilidad de perdón.

El caso contrario también es posible. En determinadas situaciones, algunas personas prefieren tener una relación puramente sexual y ven el amor como un estorbo innecesario. Recuerdo que me visitó una paciente muy angustiada porque su amante se estaba enamorando de ella. Según ella, al principio todo iba de maravillas, hasta que un día, después de tener una apasionada relación sexual, el hombre le declaró su amor y le dijo que pensaba separarse. Mi paciente entró en pánico. En realidad nunca había pensado dejar a su esposo, sino "completarlo" con alguien más joven y energético. Finalmente se vio obligada a reemplazar al enamoradizo amante por alguien con menos ímpetu sentimental. Cuando le sugerí que pidiera asesoría psicológica para mejorar las relaciones sexuales con su esposo, me respondió que no lo creía necesario: "Amo a mi marido y deseo a otros... Todo está bajo control". El acuerdo que mi paciente le proponía a sus amantes era de una sexualidad descontaminada de amor.

Veamos algunos ejemplos de pactos y acuerdos distintos de la tradicional exclusividad:

- En los grupos poligámicos, la infidelidad ocurre cuando el dueño del harén tiene relaciones con alguna mujer distinta a sus esposas, porque el arreglo es con sus cónyuges (aunque sean muchas) y nada más que con ellas. El pacto, a pesar de que suene extraño, sería el de "exclusividad grupal".

- Los reyes de Francia hacían alarde de todo un menú de amantes y concubinas que debían ser aceptadas, según la costumbre, por las respectivas reinas. Tal como lo demuestra la historia de los Enriques y especialmente la de los Luises, las reinas debían resignarse a la incómoda tradición de compartir el palacio con las concubinas o irse. La preocupación nacía cuando la amante del rey tenía ínfulas de esposa legítima. Diana de Poitiers, madame de Montespan, madame de Pompadour y madame du Barry son sólo algunos ejemplos de cortesanas que ejercieron mayor poder político que las mismas soberanas.

- Muchas abuelas toleraban, con una naturalidad pasmosa, las fechorías de los insaciables abuelos: "Los hombres son así", solían decir ellas, sin una gota de resentimiento. A ninguna se le hubiera ocurrido separarse por semejante "bobada". El pacto implícito era más o menos así: "Usted, querido mío, tiene un problema de nacimiento: superávit de testosterona. Comprendo que es una víctima de la naturaleza, por lo tanto desahóguese, pero eso sí, que ni yo ni nadie se entere: haga las cosas bien hechas". En algunos círculos aún se piensa que la esposa es para respetar y la "moza para gozar".

- La legislación islámica establece la pena de lapidación para la mujer adúltera, que muere apedreada después de ser enterrada hasta el torso. Aquí las reglas son impuestas por la ley y la costumbre que les ha conferido una validez tan absurda como cruenta. Tanto es así, que muchas mujeres musulmanas lo aceptan como algo natural: "Tú tienes más derechos que yo, señor, puedes tener las mujeres que quieras, y yo ningún hombre fuera de ti". Ése es el acuerdo tácito, por miedo o tradición.

Más allá de cualquier connotación moral o ética, debemos aceptar que, según sus valores y creencias, existe una evidente relatividad en esto de los pactos afectivo/sexuales que establecen las parejas. Cada relación, consciente o inconscientemente, genera un conjunto de reglas y límites: los más estrictos son "para siempre" y sin malos pensamientos, en tanto que los más laxos promulgan un amor libre de cuerpo y mente.

¿Cómo saber si tu pareja es infiel?
Algunos indicadores

Obviamente no es nada fácil establecer criterios inequívocos al respecto. Por ejemplo, el estrés, las crisis existenciales, la depresión, las enfermedades físicas, los problemas laborales y otros muchos factores afectan la manera de relacionarnos y nada tienen que ver con la presencia de algún intruso o intrusa. Un dato aislado no es suficiente para generar una duda razonable; sin embargo, cuando los indicadores que presentaré a continuación se suman, coinciden en el tiempo, aparecen inesperadamente y no corresponden a la costumbre de la persona, la probabilidad de que exista un enredo aumenta sustancialmente. Repito: *probabilidad*. No se trata de ver engaños donde no los hay, como hacen los ultradesconfiados y los paranoides, sino mantener una actitud racional frente a los recelos, hablar con la pareja y comunicar la preocupación o el malestar, sin agresiones ni escándalos. Muchos matrimonios se podrían haber salvado si alguno de los cónyuges hubiera reaccionado de forma oportuna. Veamos algunas de estas señales.

Lejanía afectiva

Es una de las advertencias más importantes y que más duelen. Por lo general, los pacientes que sufren el alejamiento sentimental de su pareja no aportan datos objetivos: si fuimos amados sinceramente por alguien, nos cuesta mucho aceptar la indiferencia, y por eso el autoengaño obra como un paliativo. El mecanismo de defensa que intenta justificar la frialdad del otro es como sigue: ¿no se supone que es normal cierta lejanía afectiva de tanto en tanto? Pues depende. Un día o dos, de acuerdo; el estrés, el mal humor, posiblemente... Pero si hablamos de semanas o meses de enfriamiento afectivo, la cosa no es normal. Una paciente me comentaba: "Él ya no me toma de la mano, no me abraza ni me expresa el amor como lo hacía antes... Tiene muchos problemas en el trabajo y creo que eso lo está afectando". Cuando le pregunté cuánto tiempo llevaban así, me respondió que dos años. ¡Dos años! ¡Setecientos treinta días de desamor, de soledad, de vacío! Eso no se explica por "problemas laborales". ¿Cómo sobrevivir, cómo no sentirse herido y despreciado en semejante situación de abandono afectivo? Muchos no raspan el fondo por miedo a encontrar algo que no les guste y deciden tapar el sol con el dedo a escuchar un "no te quiero" o "hay otra persona". En el análisis que llevamos a cabo con mi paciente aparecieron otros indicadores que, una vez indagados en detalle, sacaron a flote la existencia de una tercera persona desde hacía dos años y medio. Al ser pillado, el hombre juró dejar a la amante de por vida y la mujer lo perdonó. Al día de hoy, él sigue distante, su expresión de afecto no ha cambiado de forma sustancial y la duda consume a mi paciente: "¿La habrá dejado?".

No podemos resignarnos a la indiferencia afectiva. Ella no es negociable ni soportable y por eso hay que hablar y no convertirse en un encubridor de la pareja. Si no hay intercambio afectivo no hay nada. Si ésta fuera la situación, ¿no sería mejor estar solo a esperar "peras del olmo" toda una vida?

Frialdad sexual

Un bajón en el deseo sexual siempre es preocupante. Si no hay enfermedades físicas (como diabetes o hipertensión) o psicológicas (como estrés o depresión) que expliquen el desgano, preocúpate. ¿Que los altibajos eróticos son normales? Siempre que sean esporádicos y no muestren un deterioro paulatino y constante. Un hombre me decía: "Ella está muy fría últimamente, me esquiva, se acuesta temprano o muy tarde para que yo no la busque. Ya no se deja ver desnuda… Hace un año que no tengo sexo… ¿Es normal?". ¡Pues claro que no lo es! La palabra *últimamente* sobraba. Una relación de pareja sin deseo, donde el otro nos ignora, es una tortura. ¿Habrá mayor sufrimiento que desear a quien no te desea o amar a quien te ve como un hermanito o hermanita? La esposa de mi paciente había dejado de sentir atracción por él exactamente hacía un año y medio, cuando comenzó una aventura con su jefe. La dependencia sexual con otro u otra se nota y se hace evidente en cada encuentro, porque el que engaña, en apariencia sin motivos, se vuelve un témpano de hielo. Otra cosa es que no queramos remover el avispero y minimicemos la cuestión.

Preocupación repentina y excesiva por la apariencia física

Obviamente no me refiero a la sana costumbre de ir a un gimnasio y embellecerse. Lo que puede resultar sospechoso es el *repentino cuidado por la apariencia física en personas que nunca se habían preocupado por su aspecto*. El hombre que de un día para otro comienza a considerar que su abdomen abultado, las canas y la sequedad de la piel están *out*, o la mujer que casi no se pintaba y ahora pasa horas frente al espejo ensayando sombras y colores de todo tipo. El interés por las cámaras bronceadoras, la depilación generalizada, la renovación total del vestuario, dietas silenciosas, la minifalda que no se usaba, el perfume al salir y el perfume al llegar, en fin, ponerse lindo o linda, pero no para la pareja. ¿Cómo saberlo? Porque no se involucra al otro. Faltan las preguntas: "¿Te gusta mi nuevo *look*?", "¿qué opinas de mi maquillaje?", "¿te gusto más sin panza?". Nada. Todo ocurre paralelamente, como si la pareja no existiera. Estoy de acuerdo en que estas renovaciones del cuerpo no son *per se* causales de infidelidad, pero es mejor no subestimarlas si están acompañadas de otros de los indicadores aquí señalados.

Cambios inesperados de rutina:
comer fuera, llegar tarde, trabajar los fines de semana...

Si no hay motivos claros y comprobables (no hace falta ser persecutorio para verificarlos), los cambios inesperados e injustificados de las costumbres cotidianas no deben ignorarse. Por lo general, uno no modifica sus rutinas de un día para el otro sin razones válidas y sin explicaciones. No te acuestas con una persona y te levantas con otra, y si esta mutación ocurre, estás en problemas. ¿Dudar a toda hora, a cada instante? De ninguna manera. Aquí las actitudes extremas no funcionan: las personas celosas ven amenazas donde no las hay, y las crédulas creen que todo es normal. Ni lo uno ni lo otro. Sin ánimo fiscalizador y sin actitudes amenazantes, conviene saber por qué la pareja ha tenido "cambios extremos", cuando ocurren. A manera de ejemplo: si tu pareja era muy puntual y ahora llega tarde casi siempre, si era extrovertida y ahora es reservada, si le gustaba estar en casa y ahora es callejera, si odiaba ir a trabajar y ahora se la pasa haciendo horas extras, si contestaba de inmediato el teléfono cuando la llamabas y ahora no responde, algo ocurre en ella o a su alrededor. Averígualo, pregúntale sin miedo, no seas un simple observador. El silencio es cómplice.

Llamadas y conversaciones telefónicas sigilosas a horas extrañas o inoportunas

Es una conducta típica que se asocia a la infidelidad. No necesariamente debes encontrar a tu pareja hablando por teléfono encerrada en un clóset. Lo que debe inquietarte son cosas como el alejamiento y la búsqueda de privacidad cuando alguien llama, el incremento inusual de los "números equivocados" o los timbrazos a horas extrañas e inapropiadas (los amantes se necesitan a cualquier hora). Tres cuestiones que debes tener en cuenta: *a)* no se despega del celular o corre a contestar a toda velocidad; *b)* cuando revisas el aparato, misteriosamente no aparecen los números marcados ni las llamadas recibidas, y *c)* las conversaciones son demasiado largas y nunca sabes con certeza con quién habló. Algunos afectados deciden ser claros e ir a las fuentes, anotan cuidadosamente la fecha y las horas del comportamiento dudoso y las confrontan con el recibo telefónico que llega a fin de mes. No digo que lo hagas, sólo señalo que esta indagación a veces arroja resultados interesantes y a la vez angustiantes: la frecuencia exagerada de un número telefónico que se repite sistemáticamente, una y otra vez, y que se correlaciona con las anotaciones hechas, es un indicador. No obstante, hablar es mejor que espiar.

Uso reservado y exagerado de internet

Una mujer se quejaba así de su marido internauta: "Gasta demasiado tiempo navegando. Antes no era así, ahora actúa como un adicto... Le tengo celos a internet". El problema se agrava cuando la curiosidad te mata y al revisar la computadora descubres que tu pareja ha cambiado su clave inesperadamente. Le preguntas el porqué del cambio y te responde que "necesita más privacidad". Una frase devastadora. Un hombre en esta situación me comentaba entre indignado y sorprendido: "¿Privacidad? ¡Pero si hasta hace unas semanas yo tenía que recordarle la clave!". Aunque las horas de navegación y la imposibilidad de entrar al correo personal de la pareja no implican necesariamente infidelidad (cada quien tiene el derecho de manejar su intimidad), hay que reconocer que cuando la persona amada establece secretos intocables y te deja de un momento a otro fuera de la información los esquemas de desconfianza se activan automáticamente como un mecanismo de defensa. Queramos o no, algo comienza a producir escozor en el corazón y en la mente. No sostengo que debamos ser simbióticos y renunciar a nuestra individualidad; lo que señalo como preocupante es pasar de modo imprevisto de una relación de transparencia y comunicación abierta a un sistema de seguridad cifrada.

Mentiras y contradicciones

Muchos enamorados otorgan inicialmente el beneficio de la duda, aunque los hechos sean irrefutables. Es una forma de autoengaño para postergar el dolor o evitarlo, avalada por la declaración de inocencia del que engaña. La gente infiel aprende a tapar una mentira con otra hasta que la víctima pierde los puntos de referencia y ya no sabe qué cosa es real y cuál es imaginaria. La verdad se diluye en un rosario de historias que actúan como coartadas y se solapan las unas con las otras. He conocido a personas que deberían recibir el Oscar al "mejor infiel", pues no sólo juran y perjuran (eso lo hacen todos), sino que lloran, se desmayan, se ofenden e incluso a veces atentan contra su propia vida. Una de mis pacientes vio salir de un motel a su marido abrazado de la secretaria, con quien ella sospechaba que tenía una aventura. Mi paciente no dudó un instante y corrió directo hacia él para encontrarlo con las manos en la masa. Se le cruzó en el camino y le dijo: "¡Al fin te atrapé!". Al verla, el hombre, enfurecido, comenzó a gritarle: "¡Eres la persona menos comprensiva del mundo! ¡Esta pobre mujer se fue de su casa porque el marido la golpeaba! ¡Vino a esconderse a este hotel y me llamó para que la acompañe al ministerio público a poner la denuncia!". La amante temblaba como una hoja y se limitaba a decir "sí" con la cabeza. ¿Qué hizo mi paciente? Quizá lo que hubiera hecho cualquier persona herida y fuera de sí: lo insultó de pies a cabeza, golpeó a la otra y se fue a su casa a llorar la pena. Una semana después, en una sesión, me comentó sobre una duda que la estaba martirizando: "Doctor, ¿y si fuera cierto lo que me dijo y sólo estaba ayudado a esa mujer?".

Para que no te dejes embaucar ni pierdas el norte, la regla es como sigue: si lo que *dice* tu pareja no coincide con lo que *hace*, sospecha. Y si la contradicción continúa, enfréntala sin agresiones. No hagas escenas anticipadas de mal gusto ni te arrastres, sólo trata de saber qué ocurre en realidad y así podrás tomar la decisión más inteligente. Si la infidelidad no es negociable para ti, sabrás qué hacer.

Problemas existenciales súbitos y fuera de contexto

La excusa de muchas personas infieles es apelar a una "crisis existencial" sorpresiva y la mayoría de las veces sin fundamento: "No sé qué quiero, debo repasar mi vida, necesito hacer una revolución interior, debo hallarme a mí mismo" y cosas por el estilo. Si te dicen lo anterior y agregan que quieren estar un tiempo a solas, la crisis quizá no sea existencial, sino afectiva. Esta proclama de independencia debe tomarse con pinzas, aunque tu pareja saque a relucir las obras completas de Freud o de Sartre para convencerte. En realidad la persona infiel no pretende "encontrarse a sí misma", sino alejarse del estorbo de la pareja para hacer de las suyas con tranquilidad. No niego que existan crisis existenciales sinceras que nada tengan que ver con la infidelidad, pero si a la "crisis" se suma algún otro marcador de los aquí señalados, es mejor prender las alarmas y tratar de que el otro sea sincero, así te duela la respuesta. El mejor remedio contra la infidelidad es el realismo crudo: ve lo que es, y si lo que ves no te gusta, va contra tus principios o te lastima, actúa.

Criticar ahora lo que antes se admiraba

Las personas infieles tarde o temprano empiezan a desarrollar cierta molestia por su pareja, por lo que ella hace, piensa y siente. Lo que tiempo atrás era motivo de admiración, ahora genera el más profundo fastidio, y las maravillosas coincidencias de antaño hoy resultan ser un conjunto de discrepancias incómodas y casi imposibles de sobrellevar. Del cielo al infierno. Una paciente me comentaba el cambio que había tenido frente a su pareja: "La responsabilidad que tanto admiraba en él, hoy se ha trasformado en 'obsesión perfeccionista'... Su disposición a tener sexo a toda hora, que antes me encantaba, ahora la considero una tortura y una forma de 'acoso sexual'... Siempre decía que era afortunada por tener a mi lado un hombre trabajador y en cambio ahora lo considero un 'adicto al trabajo'... Actualmente me parece feo y poco inteligente, y hace unos años lo veía guapísimo y genial... No puedo entender qué me pasó... Quisiera saber si mi amante influyó en esta nueva manera de ver y sentir a mi marido". ¿Y lo dudaba? Evidentemente su compañero de aventuras no sólo "influía" en el cambio de percepción, sino que era la causa principal del giro afectivo que había tenido.

De todas maneras, comparar al amante con la pareja estable no deja de ser injusto, y más cuando se está casado. La aventura siempre se desarrolla en un medio favorable, emocionante y muy placentero, mientras que la convivencia en pareja implica lidiar con los hijos, la hipoteca, las enfermedades, la familia putativa, el trabajo en casa y los problemas cotidianos. Las amantes se mueven en un limbo especialmente construido para su desfogue y complacencia; los matrimonios sobreviven y luchan, aunque haya amor. Tanto es así que cuando el medio ideal en el que evoluciona la aventura se modifica y los amantes pasan a ser una pareja explícita y abierta al mundo, la fascinación se desvanece en la mayoría de los casos. Una mujer me decía: "No es lo mismo encontrarnos a escondidas, jugar con el peligro y revolcarnos en la cama una vez por semana, que vernos las caras todos los días... Vivir juntos fue como romper la magia". Como quien dice: de príncipe a sapo.

Sin embargo, también debemos reconocer que a veces el corazón se agota y el cuerpo se rebela, sin las influencias de las "malas compañías" ni enredos extraños. Un joven decidió terminar con su novia después de cuatro años de relación y para ello le envió una extensa carta en la que trataba de justificar su decisión. Terminaba el escrito con la siguiente reflexión: "No sé cómo explicarlo: ayer te amaba, hoy no siento nada; antes te admiraba y hoy te veo normal; hasta hace poco te deseaba y ahora me eres indiferente... Espero que me comprendas". Se reconoce la honestidad, pero pedirle que lo "comprenda" es demasiado. Ningún damnificado por el desamor comprenderá semejante metamorfosis. En el caso del joven no había otra persona, ni real ni imaginaria, y la "depreciación emocional" de su novia había tenido dos causas principales: el aburrimiento y las ganas de vivir otras experiencias.

Lo evidente: olores distintos, manchas en la ropa, gastos excesivos, amigos inexistentes...

Hay indicadores de infidelidad que no sólo aparecen en las telenovelas y suelen acompañar los engaños más descarados. Un paciente expresaba así su preocupación: "Ella llega oliendo a hombre, me dice que va a la casa de una supuesta amiga que no conozco ni me ha presentado... En los estados de cuenta de la tarjeta de crédito aparecen gastos de restaurantes y bares a horas y días insólitos... En una ocasión llegó con una sonrisa de oreja a oreja y cargando una rosa, y cuando le pregunté quién se la había dado no supo darme respuesta... Para colmo, otro día, mientras hacíamos el amor se le escapó el nombre de otra persona, un tal Pedro... Esto que le voy a decir me avergüenza, pero una vez, revisando su ropa interior, encontré manchas de semen... Por eso vine a consulta, porque no sé qué hacer". Lo que más me sorprende a veces es la actitud condescendiente que asumen algunos enamorados ante la avalancha de pruebas irrefutables de que su pareja le está siendo infiel. ¿Mi paciente no sabía qué hacer o no quería actuar? En los hechos, *aceptaba* que su esposa fuera infiel. Se quejaba, protestaba y le hacía escenas de todo tipo, pero *seguía* con ella, avalando con su comportamiento dubitativo e inseguro la infidelidad de la que era víctima. Sin darse cuenta, se había convertido en cómplice de quien lo hacía sufrir. ¿Qué esperaba? Que su mujer se diera cuenta del error que estaba cometiendo y volviera a ser la que era antes. Esperaba un milagro.

¿Qué hacer si los datos disponibles confirman la infidelidad de tu pareja?

Cuando la evidencia es abrumadora o el engaño está confirmado, existen tres posibilidades:

1. Si la fidelidad es un principio no negociable, hay que tomar cartas en el asunto y no resignarse a los cuernos, así sean pequeños. ¿Qué hacer? Defender el bienestar de uno mismo y el de los hijos (si los hubiera) y no regodearse en el masoquismo afectivo asumiendo el papel de mártir. Hay que actuar, visitar un abogado, un cura o un psicólogo, hacer una asamblea familiar, en fin, sacudirlo todo. No hablo de "exigir fidelidad", pues eso sería como exigir amor (¿para qué estar con alguien que necesita dos amores para sentirse bien y realizado?), sino de considerar cuánto nos interesa darle una nueva oportunidad a la relación o cuánta confianza nos inspira aún el otro. Lo que propongo

es revisar toda la relación y desmenuzarla hasta las últimas consecuencias. Muchas veces somos nosotros mismos quienes consentimos transitar por el calvario de un adulterio que no merecemos.

2. Si lo que te detiene es el miedo a la soledad, al qué dirán, a ser libre o a sufrir, pues habrá que afrontarlos como sea, con o sin ayuda profesional, de frente y sin disculpas. Si quieres tomar decisiones saludables e inteligentes debes hacerle frente a los miedos. No hablo de violencia ni de venganza, sino de dignidad, de amor propio. Te pregunto: ¿las cosas que temes que ocurran y que tanto te preocupan, acaso no las estás padeciendo ya? Las personas que cargan la infidelidad de su pareja ya están solas, ya están procesando un dolor intenso y sostenido en el día a día. ¿De qué miedo hablamos entonces? ¿Que te pongan en la picota pública? ¿Y qué? Antes del mes habrás pasado de moda y nadie se acordará de ti, de tus cuernos y de tu separación. Es más saludable un sufrimiento que te libere, que uno que te mantenga atado a una esperanza inútil e irracional.

3. Finalmente, si aceptas cargar los cuernos con resignación, mimetizarte con ellos y convertirlos en parte de tu ser, habrás perdido el derecho a la protesta. ¿Con qué argumentos podrías hacerlo, si eres patrocinador del engaño? El apego corrompe y te quita autoridad moral, por lo tanto, si decides aguantar en silencio, es más congruente hacer oídos sordos, mirar para otro lado y no quejarte. No obstante, si en algún momento cambias de opinión y un resabio de autoestima te empuja a defender tu valía personal, entonces rebélate, patalea y niégate. Nunca será tarde para reinventarte de nuevo.

Los tipos de infidelidad:
aventuras esporádicas *vs.* relaciones de amantes

De acuerdo con nuestra definición, si hay "rompimiento traicio-nero" de lo pactado, hay infidelidad. Al respecto no parece haber mucha discusión: cuando engañas o estafas afectiva o sexualmente a tu pareja, contraviniendo el acuerdo preestablecido, te guste o no eres infiel. Y aceptemos también que uno no puede ser "un poco" infiel o "casi" fiel: la ruptura de lo acordado se da o no. No obstan-te, aunque todo el mundo acepta que no hay puntos medios, para muchos afectados no es lo mismo una aventura aislada sin vínculo emocional (una noche, unos pocos días) que una relación "seria" y estable (meses, años), donde el corazón participa activamente y las mentiras se van acumulando. Veamos dos casos.

Un hombre le suplicaba a su mujer que lo perdonara con el siguiente argumento: "Sé que estuve con otra, pero te lo dije in-mediatamente… Fui honesto". Y la señora, muy segura de sí mis-ma, le respondió: "Decir la verdad *después* de hacer trampa no es ser honesto sino mostrar arrepentimiento… Reconocer la falta no te exime de la culpa ni de la responsabilidad ". Y es verdad: ella te-nía razón y había hablado como una experta en ética. Pero la teoría no es suficiente, así que el remordimiento (que produce lástima), el sufrimiento culposo (que es contagioso) y el intento de repara-ción (que nos motiva al perdón) terminaron por ablandarla, y ella le dio una segunda oportunidad. Después de dos horas de lágri-mas y autocastigo del arrepentido señor, ella, considerando que había sido una aventura de una noche y no una relación de aman-tes, decidió conmutarle la pena y tenerlo bajo observación (una especie de libertad condicionada avalada por el amor y que puede más que el despecho).

En otro caso, un señor que amaba profundamente a su esposa

descubrió que ella había tenido una aventura sexual con el jefe. Luego de una fiesta de oficina, la mujer había aceptado ir al departamento del hombre y allí había amanecido. El percance adquirió dimensiones inusitadas porque al ver que no llegaba (¡se había quedado dormida!) intervinieron la policía, los hijos, los suegros, los padres y los vecinos, quienes la daban por desaparecida o secuestrada. Al ver la desesperación de los familiares, uno de los asistentes a la celebración no tuvo más remedio que contar lo que había pasado. Cuando el marido y algunos familiares llegaron al departamento donde estaba, la pescaron semidesnuda y con una resaca espantosa. En la terapia de pareja, a la cual asistieron con la rapidez que demandaba la situación, se planteó un dilema fundamental: ¿hay diferencia entre la locura de una noche (fugaz, irrepetible, desordenada) y la relación de amantes (constante, repetida y pensada)? ¿Tienen el mismo carácter traicionero? ¿Lo eventual y aislado merece igual sanción que lo permanente y estable? Por decirlo de alguna manera, ¿no sería más comprensible o "perdonable" la aventura esporádica? Las respuestas a estas preguntas fueron benévolas para la infractora. Se llegó a la conclusión de que, aunque ella evidentemente había sido infiel, existían ciertos atenuantes que iban desde un anterior abandono afectivo del marido hasta el consumo de alcohol; por lo tanto, se decidió intentar de nuevo. El señor dejó establecido que jamás aceptaría la reincidencia, y ambos coincidieron en que por ningún motivo perdonarían la infidelidad de un amante permanente ni de una aventura esporádica: borrón y cuenta nueva.

Aunque en algunos apartados tocaremos el tema de las aventuras, ya que son el caldo de cultivo donde puede prosperar la maraña afectiva de la doble vida, el presente libro está orientado principalmente a las *relaciones de amantes*, que es la más fuerte de las estafas sentimentales y la que mayores secuelas psicológicas conlleva. No estoy disculpando la aventura casual, sino marcando una diferencia fundamental en la manera de ser infiel. Una relación extramatrimonial sostenida y reiterada implica, necesariamente, premeditación y alevosía: el incendio está fuera de control y arrasa con todo lo que se atraviesa en el camino. La problemática principal es que el incendiario, sabiendo las consecuencias y pudiendo controlar el siniestro, le echa más leña al fuego.

Si tenemos en cuenta que la duración promedio de una relación de amantes fluctúa entre uno y dos años, es fácil imaginar los descalabros que pueden ocurrir en ese lapso. ¿Cuántas mentiras debe decir y sostener una persona infiel en ese tiempo? ¿Cuántos fingimientos, subterfugios y tretas debe inventarse para sostener los encuentros furtivos y ocultos? De ahí que la víctima, cuando despierta a la triste realidad de una infidelidad sistemática y sostenida, comienza a funcionar hacia atrás, atando cabos sueltos, descubriendo las falsedades que en su momento fueron inexplicables. Al mirar el pasado, los embustes se destapan, y junto con ellos la sensación de dolor e ira.

La infidelidad y sus consecuencias psicológicas

Tal como dije antes, la infidelidad es altamente destructiva para la integridad individual y familiar. En lo psicológico, muy pocos eventos estresantes generan tantas y tan variadas repercusiones negativas. Cuando la infidelidad se hace manifiesta, e incluso antes, cuando se sospecha, la víctima del engaño recorre casi toda la gama de emociones negativas: ansiedad, depresión, resentimiento, ira, hostilidad, ansiedad, decepción, venganza, incertidumbre, envidia, asombro, incredulidad, sorpresa, aislamiento, frustración y una baja fulminante en la autoestima.

Contrario a lo que manda el sentido común, los responsables del adulterio también sufren. No hay felicidad completa: junto al goce y el arrobamiento también suelen aparecer la culpa y el arrepentimiento, el miedo a ser descubiertos, la tensión y la indecisión. Este "sube y baja" cotidiano entre el gusto y el disgusto, la alegría y la tristeza, los encuentros y las lejanías, los escapes y los regresos, más la presión que produce un conflicto en apariencia irresoluble, rápidamente van minando la estabilidad emocional del que engaña. Ésta es la razón por la cual algunos sujetos infieles, sorprendentemente, sienten alivio al ser descubiertos: "Menos mal, la vida decidió por mí", "¡Gracias a Dios, se acabó!" o "Aunque me duela, es lo mejor para todos". En ocasiones, dejar un amor prohibido es el sosiego del dolor, con dolor. Y algo similar ocurre del lado de las víctimas: he visto casos en que la incertidumbre se hace tan insoportable que la confirmación del adulterio de la pareja resulta ser un alivio: "¡Ya está, es un hecho, ya no tengo que sospechar más, recoger pistas ni crear falsas expectativas!". Una mujer me decía: "¡Prefiero deprimirme a seguir en esta incertidumbre!".

Al anterior panorama de conmoción afectiva hay que agregar el desajuste de aquellos amantes que esperan ilusionados la separación (en algunos casos la viudez) de su compañero o compañera de aventuras. Me refiero al otro polo, al vértice del triángulo, a los que viven en la impaciencia de un amor inconcluso que nunca se completa. Para el que ha prometido separarse y no es capaz, cualquier excusa es válida: "Se aproxima la primera comunión de mi hijo", "Mi suegro está enfermo", "Mi esposa pasa por un momento difícil", todo es válido para dilatar una decisión que va haciéndose cada vez más imprescindible y obligatoria para el tercero o la tercera en discordia. Una mujer me decía: "Llevo nueve años esperando que deje a su mujer, siéndole fiel, encerrándome los fines de semana... He envejecido a su lado siendo su amante... ¿Sabe cuáles son los peores momentos? Cuando se va de vacaciones con toda su familia, las navidades, mis cumpleaños… Ahora conocí a un buen hombre que desea tener algo serio conmigo… No siento la misma pasión que tengo por mi amante, pero creo que vale la pena intentarlo, quiero que me quieran, quiero sentir la presencia estable de alguien". El amante, al ver que la perdía, le hizo algunas escenas de celos y volvió a poner fechas y a "comprometerse" como lo había hecho infinidad de veces, pero por fortuna la nueva pareja de mi paciente ya había echado raíces, y ella no cayó otra vez en la trampa.

El juego de la infidelidad no es fácil de practicar. Las reglas son complejas y potencialmente nocivas, y tal como lo demuestra la psicología clínica, cuando se sale de las manos no queda títere con cabeza.

Tres secuelas emocionales de las víctimas: culpa injusta, decepción y pérdida de la confianza básica

Culpa injusta

La culpa injusta se genera debido a una "estrategia defensiva" utilizada por las personas infieles para salvar su responsabilidad. Aquí cabe el refrán: "Además de ladrón, bufón". Cuando son atrapados o descubiertos, muchos individuos infieles se defienden contraatacando a la pareja y culpándola de todo lo que ocurre: "Nunca fuiste una buena amante y por eso me 'obligaste' a buscarme otra", "Si no hubieras sido un fracasado, no tendría un amante", "Me hiciste la vida imposible: ¿qué esperabas?", etcétera. Independientemente de las razones, nada acredita la infidelidad, al menos desde el punto de vista ético, y tampoco parece ser la mejor solución. Intentar justificar su comportamiento haciendo responsable del engaño a la víctima de infidelidad genera un gran impacto sobre ella, ya que no sólo pierde al ser querido, sino que también debe sentirse culpable de la separación. Demasiada carga para una sola persona.

Recuerdo el caso de una mujer que descubrió que su marido era un infiel compulsivo camuflado por años. En la desesperación y buscando compartir la pena, recurrió a su suegra. Ingenuamente pensó que podría encontrar allí una solidaridad de género, y digo "ingenuamente" porque la maternidad no suele admitir concesiones. La respuesta de la señora fue contundente: "¡Qué habrás hecho para que mi pobre hijo caiga en ésas!". En otro caso similar, la suegra le aconsejó a una paciente: "Mira, los hombres son así, y mi hijo fue inquieto desde pequeño. Así que no te preocupes, él te ama y te reconoce como su esposa verdadera". La mayoría de las madres ven a sus hijos varones como caídos del ombligo de Dios, así que si tu marido es infiel, no esperes que tu suegra te dé la razón. Por el contrario: es posible que salgas cargando una culpa injusta que no mereces.

Insisto: es posible que tu futuro o futura ex (avalado por algunas personas próximas a él o ella) te acuse: "Te fui infiel porque te lo merecías". Es la filosofía del abusador.

Si tu pareja actúa de este modo, ¿vale la pena hacer los esfuerzos para recuperarla? Haz un balance serio de cómo fue tu relación, sin desconocer tus errores y sin perder de vista quién es el culpable real de la infidelidad. Intenta llegar a una conclusión seria y sustentada, pero no te hagas cargo de lo que no te corresponde ni entres en el juego de justificar ante él o ella tus acciones pasadas. Tú no fuiste la persona infiel y por tanto tienes la mayor autoridad moral. Acepta tu cuota de responsabilidad, pero ten presente que no eres quien jaló el gatillo

Decepción

La decepción, a pesar del dolor que genera, suele ser ventajosa en muchos casos, ya que obra como un dolor reconstructivo. Decepcionarse es sentir un "desamor instantáneo", una ruptura esencial respecto de lo que pensamos y sentimos por el otro, debido a que su manera de comportarse ha afectado profundamente nuestros códigos morales o principios. La decepción tiene una dimensión ética que la configura y la arrastra.

Pongamos un caso extremo que ejemplifica lo que quiero significar. Si descubrieras que tu esposo es un pedófilo (abusador sexual de menores), ¿qué harías? Aunque es posible que alguna mujer, bajo los efectos del enamoramiento, lo perdone, ignore la cuestión o incluso la justifique, es de esperar que mayoría lo denunciará y lo echará a la calle. La indignación tendría una doble razón: sus actos repudiables y la mentira de mostrarse como no era. Cuando nos desengañamos profundamente de alguien, la admiración se hace añicos y el amor se convierte en fiasco.

Algunos afortunados, al darse cuenta de que su pareja le es infiel, sufren este bajón, este desaliento esencial por el otro, y su corazón henchido se desinfla. La frase es lapidaria y liberadora: "Me decepcionaste". Del amor al desamor en un instante. El que limpia el sistema afectivo se limpia a sí mismo.

Si tu pareja tiene un amante y sientes que el amor por él o ella decae sustancialmente debido a su comportamiento, no detengas el ciclo. Deja operar al organismo, él sabrá qué hacer. Cuando alguien atenta contra algunos de tus principios vitales, te lastima o duda de que te quiera, ¿para qué insistes? ¿Para qué te quedas? Algunas personas permanecen atadas al otro porque quieren saber "por qué lo hizo". Eso no tiene sentido. Pregúntate mejor qué hizo y cómo lo hizo. La decepción es como un barrido que realiza tu mente para que seas capaz de tomar decisiones más acertadas e intentes renovarte. Es verdad que duele, nadie lo niega, decepcionarse del ser amado es muy triste, pero es altamente saludable cuando estás con alguien peligroso. Lo que debe preocuparte es no generalizar la decepción y meter en el mismo saco a todos los humanos. A esta hora, allá fuera, en algún lugar desconocido hay alguien dispuesto o dispuesta a quererte y serte fiel.

Pérdida de confianza básica

La pérdida de la confianza básica es quizás el mayor costo de la infidelidad. Si no obtenemos esta garantía primaria (el tono emocional positivo de estar en "buenas manos") nunca nos sentiremos seguros con la persona amada. A esta sensación de sosiego y tranquilidad afectiva, de encontrarse en una "base segura", la llamamos *confianza básica*, y sólo puede alcanzarse cuando se cumplen los siguientes criterios:

a) Estarás ahí cuando te necesite.
b) Me protegerás cuando sea necesario hacerlo.
c) Serás sincero en lo fundamental.
d) Nunca, bajo ninguna circunstancia, me harás daño intencionalmente.

Un compromiso de lealtad afectiva gira alrededor de estos elementos. Cuatro "sí", en vez de uno, y cuando cualquiera de ellos no se cumple, hay que prender las alarmas porque estaremos "durmiendo con el enemigo". Por ejemplo: si un amigo me pide guardar un secreto importante y luego de comprometerme a no contarlo, lo divulgo solapada y marrulleramente, ¿qué pasaría con nuestra amistad? ¿Qué harías tú en su lugar? ¿Seguirías siendo mi amigo o amiga? Puede que accedas a darme otra oportunidad, pero tal vez ya no sería lo mismo. ¿No se habría resquebrajado algo en tu interior? ¿Volverías a creer en mí? ¿Me darías otra vez tu voto de confianza? Difícil, ¿verdad? Cuando la persona amada nos traiciona, la consecuencia parece inevitable y natural: se modifica de forma negativa la confianza básica y la vuelta atrás es casi imposible.

¿Alta traición? "No exageremos", dicen los que apoyan la infidelidad; "no estamos en el ejército". No obstante, tratemos de ser sinceros con nosotros mismos y, sin ser más papistas que el papa, hagamos la siguiente reflexión: si la persona que amas no está cuando la necesitas, no te protege cuando debe hacerlo, te miente en lo fundamental y te hace daño intencionalmente, ¿te sentirías segura o seguro, amada o amado? ¿Cómo negociar esto? No es posible. Debe existir la certeza de la confianza básica para que una relación de pareja funcione. Es un compromiso que va más allá de los sentimientos y que se fundamenta en el respeto por el otro, haya amor o no.

¿Por qué somos infieles? Ocho causas principales

En el fenómeno de la infidelidad interviene un sinnúmero de variables, cuya importancia dependerá de la historia personal, el compromiso asumido en la relación, la intensidad del amor, las estrategias de resolución de problemas que se utilicen, la comunicación, los rasgos de personalidad, la seguridad en uno mismo... en fin, las posibilidades son muchas y ninguna excluye las otras.

No obstante, y pese a la complejidad del tema, si retomamos las investigaciones científicas y la experiencia clínica podríamos agrupar las causas de la infidelidad al menos en ocho categorías:

1. La primera tiene que ver con un efecto paradójico que no siempre se detecta a tiempo: creer que el amor nos hace inmunes. Esta sobrevaloración del amor, muy a pesar nuestro, nos hace bajar la guardia porque creemos que el sentimiento amoroso nos protegerá de las tentaciones. Nada más peligroso. Como ya he dicho antes, la fidelidad no es producto de la bioquímica, sino que depende de una decisión y una alerta permanente. Esto se analizará en detalle en el apartado "Sobrestimar el amor".

2. La segunda se refiere al intento irracional de buscar el amor perfecto, un amor que no genere dudas: la mujer o el hombre "de diez". Este perfeccionismo afectivo genera dos consecuencias negativas: *a*) saltar de una relación a otra, porque siempre es posible encontrar alguien que supere en algún punto a la pareja, y *b*) ser totalmente intolerante ante los defectos o lo errores de la persona supuestamente amada. A los individuos perfeccionistas en el amor, una fuerza irracional los empuja a buscar "algo mejor" y a rechazar la "defectuosa relación" que sostienen. En este contexto casi delirante y de insatisfacción constante, la infidelidad es sólo cuestión de tiempo. Como veremos en el apartado "En busca del amor perfecto", tal búsqueda es, por definición, interminable y dolorosa.

3. La tercera causa se relaciona con la venganza y el "ojo por ojo". Lo que se busca es una "indemnización" para el corazón que repare el orgullo herido. Pagar con la misma moneda: "Si me eres infiel, yo también lo seré", "Si me haces sufrir, yo haré lo mismo contigo". La táctica no deja de ser contradictoria. A la hora de la verdad, torturar al torturado me convierte en lo mismo que quiero eliminar. Resarcir el despecho rechazando, o reivindicar la dignidad

humillando termina convirtiéndome en lo mismo que critico. En el apartado "La venganza" se analiza y profundiza el tema.

4. La cuarta causa hace referencia a las variables de personalidad (genéticas o aprendidas) que definen al infiel serial o crónico. Hay personas que no pueden vivir sin ser infieles, más allá de los riesgos y así sean descubiertos. Esta forma de "adicción al engaño" no tiene arreglo, y cuando alguien cae en las redes de semejante individuo llevará cuernos por el resto de su vida, por más que el otro prometa lo contrario o vaya a terapia. No importa el género: sean hombres o mujeres, todo hace pensar que en algunas personas existe una tendencia biológica o psicológica exacerbada a engañar a sus parejas. En el apartado "Los legados familiares y genéticos" se analizará el problema de la infidelidad compulsiva.

5. La quinta causa se desprende de la insatisfacción con la pareja. Un número considerable de personas que se sienten afectiva y sexualmente poco gratificadas tratan de "equilibrar" el déficit con una tercera persona que les ofrezca lo que no tienen en casa. Estos "infieles compensatorios" dicen haberlo intentado todo y que no les queda otro camino. En el apartado correspondiente, "Buscar fuera lo que no se tiene en casa", nos ocuparemos de las parejas disparejas y su propensión a la infidelidad.

6. La sexta causa es la baja autoestima y una necesidad patológica de ser amado a cualquier precio. Esta "necesidad" de amor es muy peligrosa para la salud mental, porque la cultura no alerta contra ella, como con cualquier otra dependencia, sino que la exacerba. Resolver este vacío afectivo mediante relaciones furtivas conlleva por lo general a

una conducta promiscua y poco digna. Profundizaré esta causa en el apartado "Comprar amor y aceptación", y veremos hasta dónde puede llegar alguien que padece de este trastorno.

7. La séptima causa se refiere a los viejos amores inconclusos, los que en apariencia se terminaron antes de tiempo o no pudieron completarse afectiva o sexualmente. Reencontrarse con la persona que quedó "entre paréntesis" es acercarse peligrosamente a la hoguera. El refrán dice "donde hubo fuego, cenizas quedan", pero de acuerdo con mi experiencia profesional, muchas de estas aproximaciones en realidad funcionan como el ave fénix: lo que parecía acabado u olvidado simplemente renace de entre las cenizas. En el aparado "Asuntos inconclusos: el regreso del primer amor" se analiza esta forma de adulterio.

8. La octava y última causa se vincula a ciertas características de los ciclos vitales. Hay acuerdo en que a determinadas edades se dispara cierta vulnerabilidad a los enredos afectivos o sexuales. Algunas personas comienzan a sentir que la vida pasa rápido y que deben aprovecharla haciendo cosas que antes no fueron capaces de llevar a cabo por mojigatería o miedo. En el apartado "Nunca es tarde para ser infiel" señalo dos de estas actitudes tardías: "el demonio del mediodía" y "el síndrome del nido vacío"

Es importante señalar que las causas presentadas no son incompatibles entre sí y a veces suelen coexistir, lo cual hace que la infidelidad sea más difícil de erradicar y de controlar.

PARTE II

LA INFIDELIDAD EN ACCIÓN

El amor es como el fuego;
suelen ver antes el humo los que están fuera
que las llamas los que están dentro.
JACINTO BENAVENTE

Sobrestimar el amor

Abre bien los ojos antes de casarte y
mantenlos
entreabiertos después de que te cases.

THOMAS FULLER

El caso de la mujer que se creía intocable
y afectivamente incorruptible

Cuando Alicia asistió a mi consulta por primera vez llegó con nueve kilos menos, una expresión de fatiga crónica, ojeras, depresión y la reaparición de un viejo acné que la mortificaba intensamente. Tenía treinta y seis años, dos hijos pequeños, un marido que la amaba con sinceridad y un amante desde hacía un año y medio. Si bien no trabajaba, gran parte de su tiempo lo destinaba a colaborar como instructora de un reconocido grupo religioso que ayudaba a personas con dificultades de pareja. De hecho, los demás veían su matrimonio como un modelo y a ella como una abanderada de la moral y las buenas costumbres. Las amigas y allegados la consideraban una excelente consejera, objetiva y acertada: si alguien tenía un problema, Alicia era la solución.

Sin embargo, su inteligencia y perspicacia no habían sido suficientes para defenderla de un temible e irresistible invasor. Pese a sus férreos principios, un amor inexplicable, ilógico y fuera de lugar había encontrado asidero en su corazón. La ética que tanto pregonaba estaba por el suelo, y ella también. Para colmo, contra todo pronóstico y en franca contradicción con sus creencias, el remordimiento no siempre se hallaba presente, y cuando hacía el amor con su amante la normatividad se hacía añicos. El amor se había descarriado o, mejor, bifurcado en su pronosticada vida de mujer honesta: pesar y placer, todo junto y revuelto.

En las conversaciones que tuve con ella, su lado racional trataba de encontrar alguna explicación a lo que le estaba ocurriendo: "¿Cómo puede ser que una mujer hecha y derecha como yo, segura de sí misma y vocera de la lealtad, caiga en las redes de un amor 'prohibido'? ¿Cómo es posible que esto me haya pasado a mí? No sé cómo manejarlo, amo a mi esposo, pero también lo quiero a él. ¿Qué ocurrió conmigo?... Hubiese puesto las manos al fuego por mi conducta. Ahora hago cosas que realmente me hacen sentir muy mal... Doctor, ¿cómo se cura esto?". No hubo respuesta.

Nadie está exento. Muchos lectores podrían argumentar que los principios morales y el sentimiento de esta mujer hacia su cónyuge no eran lo suficientemente sólidos, porque de serlo se hubiera mantenido limpia de toda traición. Pero la cosa no es tan fácil. En mi práctica profesional he visto cómo se derrumban los más representativos baluartes de la virtud debido a la infidelidad. Si dejamos una rendija, un amor inesperado puede deslizarse en silencio y echar raíces. En su caso, un "caballo de Troya" afectivo había penetrado sus defensas.

La primera vez que lo vio fue en el ascensor. Simplemente se saludaron y luego se despidieron. Curiosamente, ella retuvo la imagen de aquel rostro durante varias horas, como cuando uno mira el sol de frente y el brillo sigue reflejado en la retina. No le dio importancia y dejó pasar la cosa. Luego pensó: "Qué ridículo... No sé por qué sigo pensando en ese tipo ". Y mandó el mensaje a la papelera de reciclaje, pero no se recicló.

La segunda vez no podía prender el automóvil, y él, muy amable, la ayudó. Ella iba al banco, él venía de trotar. Alicia había sido una gran deportista y aún se sentía atraída por todo lo que tuviera que ver con el ejercicio físico. Le preguntó por qué no estaba trabajando y él contestó que vendía antigüedades, un negocio de familia que no requería su presencia permanente. Fue cuando supo que se llamaba Pablo y tenía treinta y tres años. Mientras él se alejaba, ella se quedó pensado en cómo estaba vestido: todo de azul.

El tercer encuentro fue algo más próximo. Alicia organizó el cumpleaños de su hijo menor en el edificio y Pablo asistió con una de sus hijas (la esposa era una importante ejecutiva, de esas que nunca tienen tiempo). En el transcurso de la tarde ambos alcanzaron a cruzar algunas palabras y algo de información personal. Las madres asistentes elogiaron sus habilidades como padre y las más audaces le coquetearon. En realidad, el hombre no estaba nada mal. Cuando le preguntaron si le parecía atractivo, Alicia no se dio por aludida: "¿Sí? No me había fijado". Más tarde, después del ajetreo, repasó imaginariamente cada uno de los intercambios que había tenido con Pablo durante la reunión y esa noche retomó la vieja y casi olvidada costumbre de dormir abrazada a su marido.

La cuarta aproximación fue psicológicamente más intensa. Luego de una reunión de la junta administradora, Pablo invitó a los asistentes a su casa a tomar unas copas. Alicia y su marido fueron los únicos que aceptaron. En la visita tuvo oportunidad de conocer parte del mundo privado de Pablo y no le disgustó: le agradaron los bonsáis que con gran cuidado cultivaba y le fascinó que tocara el piano y cantara. Al amanecer, Alicia despertó bañada en sudor y con una extraña sensación de zozobra. Su ropa interior estaba empapada y la flacidez de su cuerpo la enfrentó a lo increíble: ¡había tenido un orgasmo mientras dormía! Un sueño erótico donde el protagonista principal no era su compañero de lecho. La impresión fue tal que corrió a confesarse.

El punto cero, la iniciación "formal" de la relación de amantes, ocurrió el día del amor y la amistad. Fue cuando Pablo la invitó al departamento para entregarle un regalo singular y muy personal: una canción compuesta especialmente para ella, "Tan cerca y tan lejos". El remate de la conquista no se hizo esperar. Hipnotizada y cansada de resistirse, se entregó a la fascinación de aquella nueva experiencia; sudó, jadeó, mordió, besó y gritó como nunca lo había hecho. Había tocado el rostro de una pasión que sobrepasaba todo dogma. Así comenzó el idilio y ahí permanecería, atrapada en la madeja del deseo, fiel a su amante e infiel a su esposo.

Al cabo de año y medio, la relación se había vuelto insostenible. Su marido exigía más cercanía y había comenzado a celarla. La esposa de Pablo le pedía a ella consejos sobre cómo mejorar su aporreado matrimonio, porque sospechaba que había otra mujer. Como es casi imposible mantener oculta tanta energía, las malas lenguas comenzaban a soltar el veneno del chisme. Ya no daba conferencias ni participaba en los encuentros matrimoniales (su desfachatez no daba para tanto) y cada vez le quedaban menos amigas.

En ese año y medio, todos intentaron separarse: ella de su esposo, él de su mujer, ella de él y él de ella. Dos triángulos unidos por la base. Los viajes de fin de año, la navidad y las vacaciones eran los momentos en que más se agudizaban las peleas y las tentativas de ruptura, pero nada cambiaba y nadie daba el primer paso.

A la hora de escribir este texto, la vida de Alicia sigue transitando por los vericuetos de una doble vida y una doble moral.

No es capaz de soportar la pérdida de ninguno de sus polos afectivos: de un lado están los hijos, el matrimonio, las creencias religiosas, el marido, la adecuación social; del otro, Pablo al desnudo. Una balanza de platillos perfectamente equilibrada e insoportablemente quieta.

Aunque su estructura mental estaba organizada y entrenada para ser fiel, no estaba preparada para los imponderables. Sus ideas sobre la infidelidad mostraban tres distorsiones básicas: *a*) magnificación del amor y de las convicciones ético-religiosas como factor protector ("el amor todo lo puede" y "mi compromiso es eterno"); *b*) sobrestimación de sus capacidades de autocontrol ("nada me hará retroceder"), y *c*) como consecuencia de los anteriores, una baja en la vigilancia y la atención sobre los eventos en potencia peligrosos (por ejemplo, la aparición de hombres cultos, atractivos, tiernos y amables).

Detrás de su aparente seguridad había una mujer frágil que no se conocía a sí misma. La ambivalencia de Alicia podría durar años o toda la vida. Recuerdo un caso similar en el que una agobiada mujer tuvo que irse a vivir a otro país para dejar al amante y cuando regresó, al cabo de cinco años, lo primero que hizo al bajar del avión fue llamarlo. A los quince días, estaban otra vez juntos.

Para tener en cuenta e intentar ser fiel

El mito romántico ha creado y alimentado la idea de un antídoto natural contra el germen de la infidelidad: el AMOR con mayúsculas. La premisa es preocupante y peligrosa: "Relájate, el afecto se encargará de alejar y mantener las tentaciones a raya". Sin embargo, tal como vimos, la fidelidad racional requiere una resistencia activa: si estamos ante alguien que de verdad podría gustarnos o nos gusta, y no queremos ser infieles, hay que decidir conscientemente no entrar en el juego. ¿Que para algunos no es fácil dejar de engañar? En esos casos hay que ir a terapia y revisar el valor que se otorga a la fidelidad. La premisa en este punto es categórica: aunque les duela a muchos románticos y moralistas empedernidos, el amor interpersonal no posee un gen "antiinfidelidad". Y aclaro: cuando hablo de amor no me refiero al enamoramiento (que no suele durar mucho), sino a la conjunción de *eros* (deseo), *philia* (amistad) y *ágape* (cuidado por el otro).

No es mi intención hacer un recuento histórico de los enamorados del amor, pero sólo a manera de recordatorio señalaré tres afirmaciones apasionadas de otras épocas que siguen en nuestro imaginario colectivo. Victor Hugo, igual que Alicia, creía en las propiedades inmunológicas del amor, y su argumento era bastante "encendido": "El amor es de la misma esencia del alma humana. Como ella, es una chispa incorruptible, indivisible e inmortal. Es un fuego que llevamos dentro y que nada puede sofocar ni apagar". Conflagración y candela cósmica: la llamarada llegaba hasta Dios. Dante era más propenso a la astrofísica: "El amor mueve el Sol y las demás estrellas". Y Hesíodo, más inclinado a la construcción: "El amor es el arquitecto del universo".

Pues si el amor es todo eso, ¿por qué no garantiza la fidelidad? ¿O de qué amor hablaba esta gente? ¿Del que vivimos a diario con nuestras parejas o de algún tipo de ensueño extraterrestre? Cualquier hombre o mujer que tenga una relación estable sabe que no existe tal maravilla, o si la hay, es la excepción. El amor de pareja, el terrenal, hay que trabajarlo mucho para que prospere: nada está garantizado por el cosmos.

Recuerdo que, en una discusión académica, un profesor replicó mi postura argumentado que la naturaleza genera un amor instintivo que induce a la fidelidad. Se refirió a la "dignidad del elefante", la "nobleza de los lobos", la "integridad de las ballenas" y la "fidelidad de los pájaros". Me pareció interesante su posición e investigué el tema por varios meses. Descubrí que los hechos no avalaban a mi amable opositor. Una de las mayores refutaciones la encontré en el caso de las aves, ya que, si bien es cierto que noventa por ciento de ellas vive en pareja, la fidelidad no parece ser la regla. El caso más sonado es el de los mirlos de alas rojas, cuyas relaciones sexuales están regidas por algo similar a la poligamia: un macho con muchas hembras. Los investigadores realizaron vasectomías y exámenes de ADN a cada dueño del harén y los pusieron a copular y a establecer nidos con sus "respectivas" en época de apareamiento. Lo sorprendente ocurrió cuando muchas de las hembras colocaron huevos, porque al comparar la sangre de los pichones con la del supuesto padre, el engaño quedó al descubierto: ¡la paternidad era de otro! Las tiernas y dulces avecillas habían sostenido romances con mirlos de otros territorios. Infidelidades similares han sido encontradas en más de cien especies de pájaros. También revisé la supuesta monogamia de otros animales y hallé que los famosos zorros colorados, ejemplos de "exclusividad afectiva", sólo andan juntos mientras haya que cuidar y proteger a la descendencia; cuando los cachorros se bastan a sí mismos, cada cual toma su rumbo, y adiós. Por su parte, los elefantes, tan admirados y respetados, tienen un arreglo muy especial: las hembras prefieren vivir con otras hembras y visitar de vez en cuando al señor elefante (conozco casos en humanos que funcionan de manera similar). Sólo tres por ciento de los mamíferos es monógamo permanente, y no sabemos con certeza a qué se debe.

Con esto no pretendo justificar la infidelidad ni negar la funcionalidad y la fuerza del sentimiento afectivo en general; lo que busco es quitar al amor el halo mágico que lo rodea, desnudarlo y mirarlo sin tanta prótesis. Desmitificarlo no es acabar con él, sino reubicarlo en una dimensión más racional, ya que si lo pontificamos seremos víctimas de la superstición y el fetichismo sentimental. ¿Quieres ser fiel? Aterriza el amor que sientes por tu pareja, cultívalo, disfrútalo, arrópalo, pero siempre de manera realista. Y si quieres sellar y asegurar más la relación, comunica a tiempo tus descontentos y conoce a fondo tus debilidades.

A manera de conclusión: *el amor es condición necesaria, pero no suficiente, para ser fiel. La fidelidad también es una decisión, un acto de la voluntad que exige atención despierta y capacidad de discriminación para mantenerse alejado de lo que teóricamente no queremos hacer. En las relaciones afectivas nadie se puede dormir sobre los laureles, ya que a nuestro alrededor anda sigilosamente un Cupido rebelde y travieso que espera el momento oportuno para flechar la parte oculta del corazón, ese lado inconsciente e incomprensible que no conocemos y pocas veces utilizamos*

En busca del amor perfecto

> *Todo hombre ama a dos mujeres:*
> *la que su imaginación ha ideado*
> *y la todavía no nacida.*
> JALIL GIBRÁN

El caso del hombre que exigía una mujer de diez

A sus treinta y nueve años, Santiago estaba afectivamente solo. Llegó a mi consultorio porque una de sus exnovias le pidió, o mejor dicho, le suplicó que pidiera ayuda profesional. Era un sujeto bien parecido, desconfiado, inteligente y próspero desde el punto de vista económico. Mostraba esa extraña combinación que fascina a las mujeres con instinto suicida.

Había estudiado ingeniería, pero estaba dedicado a las finanzas y desde hacía quince años dirigía la sucursal principal de una importante empresa. Su filosofía de vida giraba alrededor de la excelencia, era ordenado, autoexigente y supuestamente nunca se pasaba de la raya ni la pisaba. No llegaba tarde, pagaba sus deudas por anticipado, no decía malas palabras y jamás perdía la compostura.

Sin embargo, esta aparente pulcritud conductual estaba lejos de configurar un estilo santurrón. Santiago no tenía un pelo de tonto, de *nerd* o de cándido. Le encantaban las mujeres, las emociones fuertes y las juergas, y practicaba el sexo de manera activa. Aunque no tenía muchos amigos, las amigas le sobraban. Las había acumulado a lo largo de la vida y cumplían la función de soporte social en los momentos de ocio cuando la soledad se volvía irritante. Una vez le pregunté por qué no tenía una pareja estable y me contestó: "No me hable de eso... Ha sido mi mayor dolor de cabeza... Es muy difícil dar con alguien que valga la pena". En los últimos siete años había tenido veintidós novias "formales" y un montón de aventuras intrascendentes.

Aceptaba el matrimonio como institución, quería tener hijos y todo lo demás, pero según él había que pensarlo muy bien: "En esto uno no se puede equivocar. Es una decisión que se debe tomar con la cabeza fría y los pies en la tierra... Aquí no puede haber errores ni reversa". Para Santiago, casarse significaba entregar la mitad de la vida a una desconocida. La unión conyugal no era percibida como la alianza entre dos sujetos independientes, sino como una asociación donde cada uno desaparecía en el otro. Esta tétrica visión del vínculo nupcial lo colocaba a la defensiva, y la espontaneidad natural que debería acompañar cualquier aproximación empática se convertía para él en una pesquisa casi policial.

Cada mujer que conocía era sometida al más minucioso escrutinio. En el término de unas pocas semanas la novia en turno era literalmente escaneada: familia, conocidos, historia personal, enfermedades, gustos, creencias y aspiraciones, todo era revisado y esculcado con rigor. Con la exactitud de un anatomista, cada detalle era aislado, sopesado y examinado a la luz de sus necesidades. Está de más decir que todo este proceso evaluativo pasaba totalmente inadvertido por las aspirantes, quienes no se daban por enteradas, ni siquiera después del repentino y fulminante adiós que solía llegarles como una cubetada de agua fría. Un día cualquiera, sin aviso ni "preaviso", se acababan las visitas, ya no hablaba por teléfono y desaparecía del mapa, como si nunca hubiera existido.

Además de lo anterior, cada ruptura estaba mediada por una táctica adicional muy particular: no se desprendía de una relación si no tenía otra a la mano. La condición era que la última conquista siempre debía poseer un atributo relevante del que carecía su precursora. Su *modus operandi* era avanzar sigilosamente a saltos, sobreponiendo una nueva relación a la anterior hasta acabar con la más vieja. La infidelidad era la estrategia que le permitía preparar el terreno para no quedarse en el aire durante la transición. Las redes de su implacable seducción estaban todo el tiempo tendidas, por si alguna mejor candidata, en algún sentido importante para él, aparecía. Conclusión: a todas les había sido infiel.

La causa del "despido" podía ser prácticamente cualquier cosa que le pareciera inadecuada. En cierta ocasión, después de casi dos meses de relación, en un momento de rabia la novia levantó la voz y lo regañó. Nunca había pasado antes. Eso produjo en él una reacción desproporcionada por completo y comenzó a indagar los porqué, los cómo, los cuándo y los dónde de la "falta de respeto". Se dedicó de manera sistemática a confrontar y martirizar a la transgresora mediante la manipulación directa de la culpa: "Nadie me había faltado al respeto antes", "Debes consultar a especialista", "Tu conducta no es normal", "Si me quisieras, no me hubieras tratado así" o "Estoy muy mal desde aquella vez". En fin, los intentos de reparación y las reiteradas disculpas por parte de ella no surtieron ningún efecto. Mientras tanto, el interés se había dirigido a un sector menos contestatario: "Mujeres sumisas y respetuosas". El reemplazo no tardó en llegar: una muchacha quince años menor que él, abnegada y totalmente obediente, ocupó su lugar.

En otra oportunidad terminó de forma abrupta una relación porque su futura consorte no sabía comer bien (hacía "ruido" cuando tragaba). La cambió por una más refinada, pero al poco tiempo le pareció demasiado encopetada. Una vez, estando en la playa, una nueva amiga se puso una tanga y no se tapó con la toalla. Esto fue visto por él como una seria falta de pudor y casi de inmediato consiguió a su reemplazo: una joven más recatada y repleta de "valores". A los dos meses y medio se aburrió y la relevó de su cargo por una menos mojigata.

Otras causas de profundo desengaño y malestar fueron el tamaño de los senos, el color de los ojos, la estatura, el lenguaje ordinario de la que sería su suegra, el mal gusto para vestirse, las piernas gordas, las piernas flacas, el ser muy lanzada o muy fría en la cama, negarse a comprarle palomitas de maíz en el cine, ser mala cocinera, tener muchos o pocos exnovios, no devolverle un libro el día indicado y así por el estilo.

Santiago dejó todas sus relaciones empezadas. Pese a la intención de acercarse al lado positivo, una y otra vez se empantanaba en lo negativo: por ver el árbol no veía el bosque. Jalil Gibrán decía: "Los hombres incapaces de perdonar a las mujeres sus leves defectos nunca conocerán sus grandes virtudes".

Después de unas vacaciones de diciembre me llamó para despedirse porque la empresa lo había trasladado a Nueva Zelanda. A los cuatro meses recibí una postal donde relataba haber conocido a una francesa que parecía reunir, al fin, los requisitos esperados. Nunca más supe de él. Es probable que la francesa haya sido reemplazada por otra más "anglosajona" y que aún deambule por la realidad virtual de sus deseos tratando de alcanzar lo imposible. El pronóstico de los perfeccionistas afectivos como Santiago es poco halagador. De manera similar a los protagonistas de la obra de Samuel Beckett *Esperando a Godot*, quien es muy exigente en el amor se pasa la vida aguardando a un personaje que no llega jamás y que ni siquiera sabe si existe.

Para tener en cuenta e intentar ser fiel

La extrema exigencia y la consecuente infidelidad que manifestaba Santiago eran producto de una creencia errónea, cuyo contenido afirma: "Existe el amor perfecto y podemos acceder a él mediante la persona correcta". Por desgracia (o por suerte, si pensamos en el aburrimiento de estar con alguien que es idéntico a uno) las almas gemelas son un invento de los astrólogos, y empecinarnos en hallarlas nos aleja de la gente de carne y hueso, a la vez que nos empuja a una frustración constante. No importa cuánto defendamos la compatibilidad total y absoluta, no hay un cóncavo/convexo preestablecido. Los acoples innatos que predican las canciones románticas son bellísimas utopías, deliciosas de escuchar y ampliamente recomendadas para las instancias de despecho crónico, pero peligrosas a la hora de fabricar realidades concretas.

Buscar a la "pareja de diez" trae consecuencias negativas: si creemos en la existencia de una persona a la medida de nuestras necesidades, nunca podremos afianzarnos en los compromisos afectivos que hemos asumido, porque todo el tiempo estaremos esperando algo mejor (y con seguridad siempre habrá alguien que supere a la anterior en algún punto). No digo que tengamos que resignarnos y soportar con estoicismo a quien nos haga infeliz, lo cual sería el otro extremo, sino que es conveniente manejar cierta flexibilidad y darnos una oportunidad para la convivencia con la persona que estamos, así sea "imperfecta". La insatisfacción es la prima hermana de la infidelidad.

Que el amor de pareja posea una fuerte dosis de racionalidad no significa que debamos ser obsesivos y escribir todo el día listas de ventajas y desventajas. La esencia del otro también cuenta, y a veces es sólo cuestión de tiempo para que se manifieste, cosa que Santiago jamás permitió. Me refiero a eso tan especial que posee la persona que queremos y que nadie más tiene, al menos de igual manera o en la misma proporción: amamos el olor, los gestos, los ojos, la expresión, la capacidad de entrega, la honestidad, la tranquilidad, los brazos, los abrazos, la sonrisa, los hoyuelos, las canas, alguna arruga bien puesta, la franqueza, las caderas, el caminar, la torpeza y cualquier otra cosa que se le antoje al corazón. La costumbre no siempre cansa: a veces nos permite crear vínculos, condicionamientos cariñosos y predilecciones intransferibles. Mientras no se violen los derechos humanos, es claro que el amor saludable requiere cierta paciencia.

El perfeccionismo es uno de los peores enemigos de las relaciones afectivas, ya que supone poner al otro bajo la lupa del escrutinio, exigiendo unos requisitos que martirizan y deprimen al examinado. En una consulta, un marido sumamente perfeccionista y puntilloso le decía a su mujer: "Yo te quiero, pero siempre te falta algo para llegar a ser la esposa ideal que yo desearía, y eso me genera ira y estrés". Cuando le pregunté si percibía el estrés de la mujer por no dar el ancho, me respondió que nunca había pensado en ello. ¿Cómo convivir con la insensibilidad del otro? En estos casos, la infidelidad también puede darse del otro lado:

*sentir que uno no llena las expectativas de la persona amada es extrema-
damente doloroso. Por eso, las personas despreciadas por los perfeccionistas suelen caer con gran facilidad cuando encuentran a alguien que
no las evalúa y las acepta como son.*

La venganza

*El que se dedica a la venganza
mantiene frescas sus heridas.*

FRANCIS BACON

El caso de la mujer que decidió
equilibrar fuerzas y quedar a mano

La venganza es una forma de agresión dirigida a "reparar" alguna lesión física o psicológica que hemos sufrido por parte de alguien. Aunque criticable desde el punto de vista ético, igual que
cualquier tipo de violencia, para muchos el desquite conlleva una
visión idealista de la equidad. Cuando la venganza se coloca a favor del amor maltrecho, los móviles pueden ser muchos: quedar
a mano, pagar con la misma moneda, herir como nos han herido,
sentir envidia, querer ejercer el mismo derecho o simplemente recuperar el equilibrio del poder: "Me cansé de ser menos que tú".
Un golpe de Estado afectivo para nivelar la relación y aplastar a la
pareja hasta ponerla por debajo.

Gladys reunió todos estos motivos durante más de veinte años
de matrimonio. El día que se casó, nunca pensó que el atractivo
físico de su esposo fuera a causarle tantos sinsabores. Se sentía
afortunada de haber logrado atrapar al más cotizado de los solte-
ros, y aunque ella no era ninguna reina de belleza, tenía su gracia.

Con el transcurrir de los años a Gladys la invadieron las arrugas, la celulitis, la caída de los senos, la flacidez del abdomen y dos o tres mechones blancos, evidentemente indiscretos. Para su esposo, el tiempo se había detenido. Era terrible verlo cada día más joven y admirado. Cada cana era un pincelazo sugestivo que aumentaba su encanto, en vez de envejecerlo, y por alguna extraña razón, no sacaba panza y los músculos mantenían su dureza. Tener un marido "inmortal" se había convertido para Gladys en la peor de las tragedias. Incluso durante un tiempo tuvo la aterradora impresión de que él crecía, es decir, que estaba más alto que antes, hasta que una amiga le hizo ver que la que se encorvaba era ella.

Las reuniones sociales se habían convertido en una pesadilla, sobre todo cuando la presentaban como la mujer del "dueño de la empresa". Los más prudentes sonreían atentamente y emitían un sintético: "¡Ah!... Su esposa"; al parecer esperaban otra cosa. Estas reuniones tenían, además, un matiz difícil de sobrellevar: las vampiresas que intentaban seducir a su marido. Gladys conocía al dedillo las aventuras de su esposo, las pasadas, presentes y algunas futuras. Ninguna era relevante ni ponía en peligro la estabilidad matrimonial, pero ocurrían a menudo, todas con sigilo y moderación.

Para colmo, él era muy comprensivo, jamás se enfurecía y nunca levantaba la voz. Una sonrisa blanca y pareja, como en las propagandas de las cremas dentales, acompañaba todo el tiempo el rostro del hombre. En los viajes al exterior, la discrepancia aumentaba: él hablaba perfecto inglés y ella chapuceaba una jerga apenas comprensible. Algo similar sucedía cuando compraban ropa: a Gladys siempre le sobraba o le faltaba tela, había que agarrarle o soltarle, correr botones, subir o bajar, mientras que él era un caso excepcional de talla única.

Gladys era una mujer ardiente y sexualmente activa, que se sentía profundamente atraída por él, pero las relaciones sexuales mostraban una preocupante alteración. Consecuente con su actitud narcisista, el hombre era un onanista declarado, es decir, sólo obtenía satisfacción mediante la masturbación. No era eyaculador precoz ni impotente, sino algo mucho peor para una mujer enamorada: un eyaculador retardado. Cada vez que el acto quedaba inconcluso, ella confirmaba que no era deseada.

Así había sobrevivido a la sombra de un hombre exitoso, codiciado por las mujeres y envidiado por los varones: cuidándole la espalda, apartándole a las admiradoras, tratando de mantenerse a su nivel y soslayando sus engaños. Estaba cansada y con la sangre en el ojo.

Un día, en el gimnasio al cual Gladys concurría asiduamente esperando el milagro de la figura esbelta, entabló una relación amistosa con un señor especial. No tan apuesto como su marido, pero con un atributo inigualable y fascinante: era el dueño de la competencia, el propietario de la única fábrica que le quitaba ventas y literalmente ponía a temblar a su esposo. Lo mejor de todo: ella le gustaba. Esa primera vez no le dijo quién era, no quería inhibir el ímpetu y el entusiasmo que mostraba el pretendiente.

Así comenzaron a verse y a conversar. De manera regular asistían a las prácticas de aeróbicos y pesas, él cada vez más puntual y ella cada vez con menos ropa. Él empezó a admirarla sin descuidar nada, y ella a creerle el cuento. Un día, este hombre la invitó a salir y Gladys aceptó. Estando en el lugar se besaron y se invadieron mutuamente hasta que ella no tuvo más remedio que confesarle su procedencia. Contrariamente a lo esperado, el arrebato fue mayor y de ahí salieron directo a un motel. Fue como echarle gasolina a una hoguera.

A partir de ese momento la relación adquirió una sincronía: deseo y venganza. Él sentía una complacencia adicional: no era cualquier mujer, sino la de su enemigo comercial. Ella sentía un gusto similar: no era cualquier hombre, sino el principal dolor de cabeza de su esposo. Una mezcla de negocios, sexo, perversidad e indemnizaciones retrospectivas.

Por ahora, el marido de Gladys aún no sabe que tiene cuernos. Mientras tanto, ella disfruta el postre en bandeja de plata: el superhombre, el intocable, está siendo vulnerado en secreto en su amor propio.

Para tener en cuenta e intentar ser fiel

Infinidad de narraciones y leyendas hacen referencia a crímenes pasionales motivados por el desagravio y la sed de venganza, donde las mujeres han sido, injustamente, más implicadas que los hombres. La creencia popular machista establece que la malicia rencorosa es un atributo inseparable de la feminidad. Por ejemplo, la imagen de una Salomé contorsionándose frente a un débil y casi afeminado Herodes, solicitando la cabeza de Juan Bautista, ha recorrido casi todas las expresiones artísticas y literarias. Algo similar aconteció con la cabeza del pobre Orfeo, arrancada, golpeada y echada al mar por las temibles ménades, en represalia a la crítica del osado poeta. Ni qué hablar de la temible Dalila y el pobre Sansón. Sin embargo, en la vida cotidiana los delitos por amor, motivados por el "desagravio", son tan frecuentes en hombres como en mujeres: miles de testimonios avalan la existencia de un sinnúmero de pugnas, escaramuzas y conflictos violentos en nombre del pundonor varonil o del orgullo femenino.

En el caso de Gladys, la decisión de ser infiel tenía una clara intención revanchista. Una doble motivación la animaba a mantener candente y activa la aventura: sacar a flote su aporreada autoestima y saldar la deuda de tantos años de sufrimiento y subestimación.

Es probable que a su debido tiempo empiece, consciente o inconscientemente, a dejar pistas e indicios para que su relación clandestina sea descubierta; después de todo, según lo que relatan los "vengadores anónimos", la satisfacción no sería completa sin el dolor del otro.

La venganza es violencia placentera: el agresor la percibe como un acto de defensa personal moralmente válido, una clase de sadismo instrumental y justificado, aunque en realidad no es otra cosa que un comportamiento de conservación a destiempo y fuera de lugar. Ya pasó el ataque, así el ego se retuerza. Y ni siquiera hablo de perdón, sino de alejamiento emocional: si alguien te ha sido infiel, pues no te merece y a otra cosa. Los datos muestran que la gente que logra mantener relaciones de parejas asertivas, directas, francas, no temerosas y sin postergaciones se vuelve inmune al resentimiento y la venganza deja de ser funcional.

Cuando intentamos protegernos de la traición y el maltrato psicológico con las mismas armas de quienes nos han dañado, caemos en la trampa de identificarnos con el transgresor. Es ridículo criticar a los verdugos mientras me dedico a cortar cabezas, al menos si deseo ser coherente conmigo mismo. Cuando atacamos la deslealtad con deslealtad, la mentira con mentira, la deshonestidad con deshonestidad, perdemos autoridad moral. Nos contaminamos de lo mismo que queremos limpiar. La infidelidad no admite contabilidades ni sistemas de compensación, sino exclusión y determinación. O perdono o me voy. Alguien dijo una vez: "La mejor venganza es ser feliz".

Los legados familiares y genéticos

Puedo resistir todo, menos la tentación.
OSCAR WILDE

El caso del hombre que sufría de infidelidad crónica

Roberto era el cuarto de nueve hermanos. Ocho varones y una mujer formaban la numerosa familia. Su padre era un reconocido ganadero de la región y una especie de patriarca. Roberto siempre fue su preferido y el único que había terminado una carrera universitaria. Luego de graduarse con honores en la facultad de medicina, hizo una especialización en Boston y ejercía con éxito su profesión. Desde hacía diecinueve años estaba casado con una enfermera, con quien había tenido dos hijas, a quienes decía quererer mucho.

Llegó a la consulta con su esposa, quien había decidido separarse si él no cambiaba su comportamiento. A sus cuarenta y seis años, Roberto mostraba un historial que hubiera puesto a temblar a Casanova en persona. Además de las constantes y reiteradas aventuras, tenía cinco hijos fuera del matrimonio, cada uno con distintas mujeres, y otros dos de dudosa procedencia, producto de su imberbe y prematura disposición al sexo. La tendencia a seducir se había manifestado por primera vez a los once años, cuando su madre lo descubrió teniendo relaciones sexuales con la empleada doméstica. Muy preocupada, la señora decidió no volver a contratar chicas jóvenes y agraciadas, sino viejas y feas, pero Roberto no mostró demasiados escrúpulos al respecto. Y como tanto va el cántaro al agua hasta que por fin se rompe, una de ellas quedó embarazada. A partir de ese momento fue considerado el terror del barrio, del colegio (que era mixto) y de la familia. La intención de sus progenitores fue mantenerlo alejado de cualquier cosa que se pareciera a una mujer.

La esposa de Roberto había tolerado sus deslices desde el noviazgo, pero el quinto retoño extramatrimonial colmó definitivamente su paciencia. Lo más inaceptable era que la madre del flamante heredero resultó ser una profesora de la escuela donde estudiaban sus hijas. Por alguna extraña razón, Roberto siempre era descubierto y terminaba confesando. Además, no parecía utilizar ningún tipo de protección cuando llevaba a cabo sus fechorías, lo que lo convertía en una amenaza pública.

Como se había criado en un ambiente permisivo y en extremo promiscuo, la actitud que asumía frente al problema era de una tranquilidad pasmosa. Desde que tenía uso de razón le había tocado ver las peripecias de su padre, un maestro del engaño, a causa de lo cual Roberto tenía alrededor de seis medios hermanos y varias madrastras potenciales. Pero lo insólito era que algunas de estas mujeres habían sido compartidas por ambos, y como consecuencia de tal "cooperativismo" se sospechaba que uno de sus medios hermanos podría ser hijo suyo. Para eliminar todo vestigio de culpa y malentendidos, la manutención de ese niño en particular se repartía por mitades. Como quien dice, "todo queda en familia". Los otros hombres del clan también seguían el mismo patrón: todos tenían amante y descendencia no declarada. Cuando se le insinuaba a la madre de Roberto el comportamiento infiel de su hijo, se limitaba a decir: "De tal palo…". Y tenía razón.

En este contexto de caos y desparpajo afectivo/sexual comencé a trabajar con ellos. Transcribo a continuación el fragmento de un diálogo que tuvieron en mi presencia.

MARIELA: No estoy dispuesta a seguir con este tipo de relación… No quiero un hombre infiel.

ROBERTO: Después de tantos años ya deberías estar acostumbrada.

MARIELA: Uno nunca se acostumbra a la mentira y a la traición.

ROBERTO: La mayoría de las mujeres lo hacen. ¿Por qué tú no? De hecho, lo aceptaste durante muchos años… ¿Cuál es el problema ahora? ¿De dónde viene este ataque de dignidad?

MARIELA: Ya no quiero engañarme a mí misma. Me cansé de tus amigas, de las llegadas tarde, me harté… Si es tanta la necesidad, puedes irte de la casa.

ROBERTO: Es mi casa y no me voy a ir… [*En tono grave*] Por favor, respétame.

MARIELA: ¡No quiero a un hombre así!

ROBERTO: Todos los hombres somos infieles… Es la naturaleza masculina…

MARIELA: No seas cínico.

ROBERTO: Yo no lo veo tan grave, siempre estoy aquí, no falto a mis obligaciones, soy un buen padre, nunca te he golpeado, jamás te he descuidado sexualmente. Puede que tenga mis amigas, pero no dejo de atenderte… En ese sentido, soy fiel… Como el perro que sale de ronda, pero siempre vuelve donde el amo.

MARIELA: ¿Vio, doctor? ¿Se da cuenta de la desfachatez de este hombre?

ROBERTO: Estoy siendo sincero… Eso es así, los hombres necesitamos las aventuras. Hay que ser realista, nunca voy a ser el marido santurrón que esperas y punto.

MARIELA: ¿Y si yo fuera la que se consiguiera un amante?

ROBERTO: Te dejaría de inmediato. No podría seguir viviendo con una puta.

MARIELA: [*Llorando*] ¡Ojalá tuviera el valor de hacerlo!

ROBERTO: Yo sé lo que te pasa… No es tanto lo del hijo, sino con quién, ¿verdad? Siempre le tuviste celos a la profesora. Cuando te dije que las pelirrojas me gustaban te pusiste furiosa. Es eso, ¿no?

MARIELA: No tiene nada que ver... Simplemente me cansé... No quiero ser más la idiota a quien todo el mundo mira con lástima.

ROBERTO: Entonces no preguntes, no busques, no esculques. Mira para otro lado, como hacen las mujeres inteligentes.

TERAPEUTA: Sólo en el supuesto de que se aceptara esta insinuación como válida, debemos reconocer que usted no las hace "bien hechas".

ROBERTO: Reconozco que fui descuidado... Ella es muy sensible... No debería haberle contado nada. Puedo mejorar en eso.

TERAPEUTA: ¿No es capaz de ser fiel, o no quiere?

ROBERTO: Nadie es capaz... Ése es un invento de los puritanos. Además, ¿qué es ser fiel?

TERAPEUTA: Exclusividad.

ROBERTO: Eso no existe... Yo siempre tendré otras mujeres, pero mi esposa será la principal. La madre de mis hijas, la legal, la primera.

TERAPEUTA: ¿No se siente mal teniendo tantas aventuras?

ROBERTO: No, hasta los más santurrones son infieles... El día que los machos perdamos la curiosidad sexual, se acabará la vida en el planeta.

TERAPEUTA: ¿Y sus hijas? ¿No le preocupa lo que piensen de usted?

ROBERTO: Ellas no tienen nada contra mí... Me aceptan como soy.

MARIELA: No sé qué hacer... Estoy confundida... No quiero sufrir más.

ROBERTO: [*En un tono amable y más calmado*] Hasta ahora vivíamos bien... No compliques la cosa. Te prometo que tendré más cuidado. A la única mujer que quiero es a ti. Las otras no significan nada... Te lo juro... [*Abrazo, beso y silencio prolongado*]

La tempestad había cesado. Como expulsando un demonio, Mariela se limitó a suspirar, se secó las lágrimas y, con el gesto indulgente de las mujeres que aman demasiado, dejó asomar una sonrisa conciliadora. Otra vez en las fauces del depredador.

Había arrojado su ira y escuchó lo que deseaba oír desde el principio: que la amaban. Por su parte, una vez más Roberto había logrado apaciguar el conato de sublevación y la calma volvía a reinar. En semejante historia de traición y mentiras hay poco que rescatar: un marido aprovechado y una mujer resignada son la peor combinación. Schopenhauer decía acertadamente que a veces el matrimonio es una celada que nos tiende la naturaleza, y ahí quedamos atrapados de por vida.

En otras reuniones que tuve con él no fui capaz de comunicarme más allá de lo elemental. Creo que incluso llegó a dudar de mi masculinidad por no apoyar su modo de actuar compulsivo e indiscriminado. La explicación de su conducta no se reducía sólo al mal ejemplo. Además de la típica búsqueda de autoafirmación (donjuanismo) y el narcisismo que suele acompañar a estos sujetos, existía en él un fuerte componente biológico/hereditario. La instigación a ser infiel no llegaba sólo de los esquemas mentales y de la educación recibida; el legado familiar de infidelidad se remontaba a su tatarabuelo, incluso tíos, primos y sobrinos. El árbol estaba afectado desde la raíz.

Descarté la ayuda de pareja y le recomendé una terapia personal más profunda, y en ese momento supe que no iba a volver. Su expresión me hizo comprender que me veía como un traidor a la causa y se despidió como si yo fuera el terapeuta conductista de

Naranja mecánica, que trataba de castrarlo psicológicamente. Una cosa son el instinto, la disposición y la fuerza que nos empujan a reproducirnos y otra muy distinta la incapacidad de trascender la bioquímica.

Para tener en cuenta e intentar ser fiel

La "infidelidad crónica" es una enfermedad que pertenece a los trastornos del control de impulsos, aunque no esté clasificada de manera formal (lo cual no significa que nos resignemos a ella). Quizás una de las más honestas y patéticas expresiones del conflicto entre la fuerza del deseo y la de la voluntad se encuentre en las *Confesiones*, de san Agustín, cuando le pide a Dios: "Dame castidad y continencia, pero todavía no".

Una pregunta surge del caso de Roberto: cuando hay infidelidad compulsiva, ¿qué pesa más: el ambiente o la herencia? ¿Hay un gen que determina la promiscuidad? ¿O acaso los modelos sociales de aprendizaje son suficientes para explicar este tipo de infidelidad? La respuesta más adecuada es decir que ambos factores parecen estar implicados en estos casos. Las personas con tendencia a la "infidelidad serial" suelen mostrar una predisposición innata, y el medio, los modelos y la educación frenan o facilitan la tendencia.

En cuanto a las diferencias de género, las versiones más modernas tienden a colocar la conducta sexual femenina más cerca de la masculina en las variables genéticas. De acuerdo con estas teorías, las mujeres también están biológicamente determinadas a buscar la variedad sexual, pero por motivos distintos a "desparramar genes". Por ejemplo, los estudiosos de los chimpancés han observado que las hembras suelen participar en apareamientos no reproductivos, por pura diversión; cuando están en celo, lo hacen con todos los miembros del grupo. La razón de esta conducta "libertina", en apariencia innecesaria para quedar embarazada, genera, además de placer, dos valores agregados importantes: *a*) aplacar a los machos para que no ataquen a las crías, y *b*) confundir la paternidad para que cada macho de la comunidad tenga que actuar, por las dudas, como el "papá" del recién nacido.

No estoy justificando la infidelidad masculina ni femenina, sino equilibrando las cosas. Los hechos muestran que existe un fondo genético que, aunque parece ser más fuerte en la masculinidad, también aparece en las mujeres. Paradójicamente, sobre esta base biológica, la educación sexual tal como está concebida en la mayor parte del mundo, se encarga de incitar a los varones a tener sexo y a reprimir a las mujeres para que no lo tengan. En igualdad de condiciones educativas y sin discriminación, es probable que las diferencias de género halladas respecto a la conducta tiendan a desaparecer.

El caso de Roberto simplemente representa el exponente típico del varón-semental ajeno a todo compromiso afectivo y que es en definitiva insuficiente para satisfacer a cualquier mujer mentalmente sana y digna. ¿Qué hacer en estos casos? Aceptar el diagnóstico y empacar maletas, si deseo tener una relación basada en la fidelidad. Insisto: existe un tipo de personalidad infiel que es definitivamente incurable e irreversible. Y aunque a veces los engaños puedan modularse, controlarse un poco o disminuir un poco de frecuencia, el lunar permanece y la tendencia sigue. Como reza el refrán: "Lo que natura no da, Salamanca no lo otorga". Tarde o temprano la sangre manda y la mente obedece.

Buscar fuera lo que no se tiene en casa

*Un buen matrimonio sería el de una mu-
jer ciega con un marido sordo.*

MICHEL DE MONTAIGNE

Dos casos de "parejas disparejas"

Muchas personas creen que su relación de pareja marcha sobre
ruedas porque no ven nada grave o extremadamente preocupante.
Sin embargo, no todas las dolencias afectivas requieren policía, tri-
bunales familiares o abogados. Muchas alteraciones van socavando
la relación en silencio y pasan inadvertidas para los involucrados
hasta que se hacen manifiestas. Veamos dos afirmaciones que supuestamente no entrañan riesgo alguno para el normal funcionamiento de la vida conyugal:

1. "Nuestra relación es muy buena, le falta *un poco* de pican-
   te y diversión, pero tenemos otras cosas importantes… Mi
   mujer es introvertida, más bien callada y algo temerosa.
   No es muy arriesgada, pero es la compañera ideal para mí
   que soy acelerado e impulsivo… Fui hiperactivo cuando
   niño… Por eso nos complementamos bien."
2. "Mi esposo es un hombre encantador. Es muy sociable y
   todo mundo lo quiere. Es excelente papá, un trabajador
   único y me trata muy bien. Somos una buena pareja. Si tuviera que poner una queja sería en la expresión de afecto. Es
   un poco simple… Yo creo que es cuestión de educación. Mis
   suegros no fueron afectuosos. En cambio, en mi familia nos
   demostraron mucho amor. Me gustaría que me consintiera
   más, pero pienso que tenemos otras cosas que compensan."

Sin caer en el extremo del perfeccionismo y la búsqueda irracional de la compatibilidad total, hay ciertos desajustes a los cuales es mejor dar mantenimiento preventivo. Las afirmaciones "un poco aburrido" y "un poco simple" no deben dejarse pasar, sería como decir: "Tengo *un poco* de cáncer". Algunos sujetos apaciguados, caseros y tradicionales se enfermarían de úlcera con una esposa activa y ejecutiva, pero para alguien extrovertido y ambicioso ella podría ser motivo de éxtasis y admiración. Un hombre insípido y rutinario en la expresión de afecto sería el ideal de cualquier esposa frígida y desapasionada, pero factor de angustia y desesperación en una mujer expresiva, tierna y sexualmente activa. Lo que no podemos hacer es resignarnos o autoengañarnos para evitar una confrontación. En el fondo cada quien sabe qué es importante y qué necesita para sentirse afectivamente bien.

Si no intervenimos es probable que con el tiempo la situación empeore y el desequilibrio llegue a ser insostenible; entonces es cuando, de forma consciente o inconsciente, salimos a buscar afuera lo que no tenemos en casa. Analicemos en detalle los dos casos señalados.

1 | "Necesito a alguien con más energía y vitalidad"

Él es un hombre alegre, vivaz y deportista empedernido. Ella es una mujer apocada, introvertida y perezosa. Son buen papá y buena mamá. A él le gusta irse de copas, ella prefiere irse temprano a la cama. Llevan ocho años de casados, sin peleas ni discusiones significativas. Ella es más bien fría y él, sexualmente ardiente. Él le compra ropa interior erótica y ella no se la pone. No es que sea mojigata: se le olvida. A él le gustan las películas de adultos y a ella, las románticas. Tienen dos televisores. Nunca van al cine.

Hace algunos meses, una nueva asistente entró en el departamento de publicidad donde él trabaja, una mujer inquieta, atrevida y con un gran sentido del humor. No tiene esposo ni novio, le gusta bailar y hacer deportes. La flamante compañera de trabajo posee la mezcla sutil que fascina y atrapa a los hombres: es fuerte, pero sabe volverse débil. La esposa es débil y no sabe volverse fuerte. Antes de que se dieran cuenta, estaban enredados en un ardiente amorío.

Pese a la nueva relación, él no mostró cambios sustanciales en el hogar, y su mujer no percibió nada extraño. Un día cualquiera, abrumado por el remordimiento, el hombre decidió poner a su amante en remojo y pedir ayuda. Vino a la primera consulta y su esposa a la segunda. No habían hablado ni convenido nada al respecto. La visión que ella tenía de su relación era la siguiente: "Mi matrimonio no está tan mal… No sé por qué quiso venir a terapia. Él es bastante extrovertido, yo soy un poco más tímida. Pero por lo demás, vivimos bien y nos comprendemos… Últimamente ha estado muy ocupado con el trabajo. Quizás hayamos descuidado un poco la relación… Pero no veo que existan problemas importantes". ¿Puede alguien ser tan poco perceptivo? Al poco tiempo, la chica energética volvió a resucitar y él prefirió suspender la terapia.

2 | "Necesito que me consientan y presten atención"

Ella llevaba siete años con la persona que amaba: cuatro de novia y tres de casada. Durante ese tiempo había aprendido a conocerlo y sabía que a su lado tenía a un gran hombre, aunque tenía un pequeño defecto: le costaba expresar sus sentimientos. Y no me refiero al sexo, sino a la sencilla y mera manifestación de afecto, como abrazos, arrumacos, zalamerías, caricias, cosquillas y cosas por el estilo. Era simple y poco cariñoso. De tanto en tanto brotaba en él un "te quiero", pero sonaba lejano y poco convincente.

Al comienzo del noviazgo ella había intentado ayudarlo sin mucho éxito, y pronto se resignó a la ausencia de demostraciones de cariño. El realismo había sido una alternativa recomendable: era más fácil "enfriarse" un poco que desinhibirlo. Además había tantas cosas buenas en él que se sentía capaz de bajar el tono sentimental que la caracterizaba. Incluso llegó a pensar que tanto empalago podría resultar dañino para la relación. De todas maneras el marido, consciente de las necesidades de su cónyuge, de vez en cuando intentaba poner de su parte, sin mucha suerte. En cierta ocasión quiso comportarse "juguetonamente" y comenzó a perseguirla por el cuarto, pero de un manotazo involuntario le partió la nariz. También le regaló un libro de poesía que ella ya tenía, unas flores que no le gustaban y un chocolate que estaba viejo. Ella creía tener todo bajo control, pero nadie se habitúa a la falta de ternura.

Y así fue como un compañero de trabajo logró sembrar la semilla de la inquietud. Un varón como los de antaño, experto en galanteo, detallista y admirador de la belleza femenina (ella no era linda, pero el señor era un buen mentiroso) había emprendido el reto de conquistarla. Y entre piropo y piropo, la caricia se manifestó y el sexo no se hizo esperar. El galán había detectado de inmediato los puntos débiles y las zonas carentes de ternura, enfiló sus baterías y atacó sin compasión.

Ella no se enamoró del intruso, pero se aficionó a él, lo cual es peor, porque se pierde la esperanza de que el enamoramiento se acabe. Una relación clandestina de este tipo puede durar siglos y suele cumplir con la curiosa función de mantener a flote los malos matrimonios. Como cuando se utiliza una pata de palo, la cojera se compensa y los síntomas de la disfunción de pareja aparentemente dejan de existir (en realidad se disimulan). Muchos amantes, sin saberlo, terminan siendo el sostén de la relación que precisamente desean acabar. Uno de mis pacientes, después de esperar en vano que su amante se separara, llegó a una triste conclusión: "Entendí que mientras yo esté en su vida, nunca va a dejar al marido. ¿Por qué debería hacerlo? Yo contribuyo a que su relación sea más soportable, ya que le ofrezco exactamente lo que el esposo no es capaz de darle... Es un círculo vicioso: cuanto más la ame, más se aleja la posibilidad de tenerla. Si dejara de verla, los problemas entre ellos se agudizarían y con seguridad se separarían... Es terrible: ¡siguen juntos gracias a mí!".

Con su flamante amigo, ella llenó el vacío de un compañero apático y tranquilizó así su inquietud. Por su parte, el marido dejó de sentirse acosado y la relación se hizo más soportable para uno y para el otro. El amor había empezado su cuenta regresiva.

Para tener en cuenta e intentar ser fiel

Los dos casos anteriores muestran el mismo patrón. La infidelidad aparece como un distractor, una forma de dilatar y esconder un problema que quizás hubiera podido tener soluciones más adaptativas y menos traumáticas. Ambos subestimaron la propia insatisfacción y creyeron que podían vivir con las carencias que sentían, porque existían otros puntos de acuerdo. Lo que no tuvieron en cuenta es que algunas debilidades en la relación, cuando son vitales, pesan más que todas las fortalezas juntas. En los dos casos, cada uno sabía cómo era el otro antes de casarse, y aún así se embarcaron en la aventura del matrimonio desestimando las incompatibilidades. ¿Por qué nos equivocamos tanto al elegir pareja? Pese a que cincuenta por ciento de la gente reconoce que está mal casada, la necesidad de contraer nupcias de manera apresurada y guiada sólo por el corazón sigue imponiéndose. No estoy en contra del matrimonio, sino del mal matrimonio; tampoco estoy en contra del amor, sino del amor irracional. Una buena relación de pareja nos hace crecer; una mala nos hunde.

Los "cursillos prematrimoniales" deberían tener un manual de primeros auxilios sobre qué hacer en caso de separación y crear escuelas de "potenciales divorciados", para todos los que decidan adentrarse en el matrimonio. La consigna sería como sigue: "Vamos a hacer todo lo posible para que nuestra relación funcione, ése es nuestro compromiso. Ahora bien: si acaso llegáramos a separarnos, definamos claramente quién se quedará con los niños, cómo será el sustento, la partición de bienes, qué relación tendremos después de separarnos, qué hacer si alguien es infiel" y cosas por el estilo. Esto no significa ser pesimista, sino precavido.

Cuando elegimos con quién compartir la vida dejamos demasiadas cosas libradas al azar. Los noviazgos de antaño, tan estáticos, repetitivos y calentadores de sofá, impedían el verdadero conocimiento de los futuros consortes. El anecdotario está lleno de personas que después de contraer nupcias descubrían que su pareja no era lo que parecía y decía ser. Las sorpresas eran mayúsculas y las anulaciones frecuentes: "Me casé con un homosexual", "No tiene un peso ni empleo", "No quiere hijos", "Es machista", "Es alcohólico", "Ronca por la noche", "Es derrochadora" , "Es agresivo" o "Es insoportable". En realidad, los novios se desenvolvían en un mundo de apariencias que no dejaba la suficiente información para saber si el matrimonio tenía alguna posibilidad. Lo curioso es que hoy en día, aunque los "noviazgos" suponen un destape total y anticipado, todavía nos equivocamos y elegimos mal.

Si el malestar tiene su origen en incompatibilidades aparentemente pequeñas, es preferible actuar a tiempo y no esperar que la tormenta se desate. Pero si tu relación es un mar de insatisfacciones y las cosas no mejoran pese a las ayudas, no hay mucho que pensar: es mejor irse que ser infiel y lastimar al otro innecesariamente. Lo importante es no crear una pata de palo para "equilibrar" de manera artificiosa los problemas y buscar fuera lo que no se tiene en casa. Tal como dijimos antes, el resultado de estas incursiones "complementarias" y compensatorias suelen ser muy negativas, ya que sólo enmascaran los síntomas. Es mejor tomar al toro por los cuernos.

Comprando amor y aceptación

> *Como soñando,*
> *como desguarnecida,*
> *la mujercita juega con fuego*
> *en la cornisa*
> *de la felicidad.*
>
> CELIA FONTÁN

El caso de la mujer que se vendía al mejor postor afectivo

Claudia era una mujer de treinta y seis años que había desarrollado un esquema negativo de sí misma desde temprana edad. Un tratamiento a base de cortisona para tratar un asma infantil la había hecho engordar demasiado, lo que afectó seriamente su autoimagen. Se había casado a los veintiocho años con el novio de toda su vida, un joven profesional de buena familia que la quería y respetaba. Al poco tiempo quedó embarazada y nació su único hijo. Casi de inmediato desarrolló una severa depresión posparto que la llevó a recibir tratamiento psicológico y a replantear de forma drástica su vida. Fue cuando decidió terminar su carrera de administración y bajar de peso. Un ejército de mesoterapeutas, dietistas y cirujanos plásticos hicieron de las suyas, y logró ponerse en forma. La agobiante percepción de sentirse físicamente defectuosa fue cediendo paso a una mayor aceptación de su cuerpo: "No recuerdo cuándo ni cómo ocurrió, pero un día cualquiera me miré al espejo y no me vi tan fea... Me gusté. Aunque mi cara no era perfecta, mis curvas estaban muy bien... Veinte kilos menos, unos pantalones ajustados y un buen escote cambiaron mi personalidad".

El motivo de la consulta fue el siguiente: "En seis años de matrimonio he sido infiel ocho veces, sin contar las locuras de una noche... Me gusta llamar la atención... Los primeros dos años de casada fui fiel, pero después, cuando empecé a trabajar y a viajar, perdí totalmente el rumbo... Quiero portarme bien. No quiero seguir engañando a mi marido".

Cuando la conducta que hay que modificar tiene su origen en esquemas negativos de larga data y además está mantenida por el placer, se necesitan cambios más profundos que la mera "voluntad". Algunas personas siguen teniendo una mala autoimagen, aunque su figura haya mejorado de manera sustancial, como si el cerebro se negara a eliminar el autoesquema distorsionado. El lado consciente de Claudia percibía positivamente su nuevo *look*, pero el lado inconsciente actuaba como si necesitara más elementos para convencerse de que era deseable y querible.

Reproduzco a continuación una entrevista que resume la esencia del caso:

TERAPEUTA: ¿Qué buscas con tus aventuras?

CLAUDIA: Quiero sentirme deseada, gustada, exitosa... Quiero que me amen.

TERAPEUTA: ¿Amor?

CLAUDIA: No sé... Quizá no sea exactamente amor, sino aceptación, atención, atracción. No lo tengo claro...

TERAPEUTA: ¿Sientes que tu marido te ama?

CLAUDIA: Sí… Es un hombre encantador y estaría dispuesto a jurar que me es fiel… Pero no me basta, necesito más…

TERAPEUTA: ¿Qué es lo que te hace falta?

CLAUDIA: Soy muy sensible a las palabras cariñosas, a las "mentiras" que me dicen los hombres… Si me endulzan los oídos hacen de mí lo que quieran. Es como una droga, me emborracha, me pierdo… Saber que los inspiro me hace sentir segura.

TERAPEUTA: ¿Y qué te gusta oír de los hombres?

CLAUDIA: Que soy espectacular, que se mueren por mí, que yo haría feliz a cualquiera, que soy genial…

TERAPEUTA: Desear no es amar.

CLAUDIA: Es verdad, pero por algo se empieza… Además, cuando estoy en la cama con ellos, soy la que manda. Se me entregan y se rinden. Me gusta verlos débiles.

TERAPEUTA: ¿Qué tipo de hombre te atrae?

CLAUDIA: Los famosos, los codiciados, los líderes, los poderosos, en fin, los más solicitados. Esos que nunca pude tener… En mi adolescencia me daba vergüenza ir a bailar porque nadie me sacaba. Siempre quise un príncipe azul.

TERAPEUTA: ¿Tu esposo no lo es?

CLAUDIA: [*Silencio.*]

TERAPEUTA: ¿Por qué no te separas?

CLAUDIA: Jamás lo dejaría. No podría vivir sin él… Incluso he pensado en tener otro niño.

TERAPEUTA: ¿No te sientes mal siéndole infiel?

CLAUDIA: Me da culpa tardía… Es como si tuviera dos personalidades.

TERAPEUTA: ¿Él no sospecha?

CLAUDIA: No sé... No, creo que no.

TERAPEUTA: ¿Cuándo y cómo se acaban las relaciones con tus amantes? ¿Hay alguna secuencia especial?

CLAUDIA: Cuando empiezo a creerles el cuento... A los dos o tres meses comienzo a enamorarme o algo parecido. Entonces los acoso, se asustan y se van. Es una mala táctica... Es la misma historia siempre.

TERAPEUTA: ¿Te has enamorado de todos?

CLAUDIA: Menos de uno: el más joven y el más guapo... No había energía en él.

TERAPEUTA: ¿Y qué haces cuando se rompe el hechizo y se alejan? ¿Te deprimes, cómo lo manejas?

CLAUDIA: Trato de buscar sustituto... Si no lo encuentro rápido, me acerco a mi marido y a mi hijo. Me regenero por un tiempo, me apaciguo internamente. Me acerco a Dios.

TERAPEUTA: ¿Qué importancia tiene el sexo en todo esto? ¿No te apegas sexualmente?

CLAUDIA: Soy anorgásmica... Una vez fui con un sexólogo y no me sirvió. Podría vivir sin sexo.

TERAPEUTA: ¿Ya te acostumbraste a ser infiel? Veo que hablas con mucha tranquilidad del tema.

CLAUDIA: No creo que uno se acostumbre...

TERAPEUTA: ¿Realmente crees que tus conquistas te hacen más valiosa?

CLAUDIA: Pues mis "acciones" suben... Mi ego se infla... Para mí es muy importante. Es como pasar un examen, ¿me entiende?

TERAPEUTA: ¿No te sientes utilizada?

CLAUDIA: Un poco... Es de parte y parte... Gajes del oficio... Caramba, dije oficio, ¿no?

¿Por qué no era suficiente la aprobación y la aceptación de su marido, si ella decía amarlo? Porque para Claudia, la opinión de su esposo estaba "contaminada" por el afecto: "Él me ve con los ojos del enamorado", me dijo una vez. Por eso, el verdadero reto estaba fuera, con los más bellos y codiciados, con los difíciles, con los que no la amaban y debía conquistar. Y cuanta más competencia femenina existiera, mejor: mayor sería la victoria. Cada conquista sumaba puntos a su autoestima.

Ella había descubierto el lado flaco masculino y probablemente sus amantes, el suyo. El negocio estaba hecho: sexo/gozo por romanticismo e interés transitorio; el cuerpo, a cambio de bellas palabras y algo de cariño. Pero mientras el deseo masculino moría con cada orgasmo y volvía a nacer cuando la testosterona se activaba, la atracción inicial que Claudia sentía por sus pretendientes no seguía la misma curva, y a medida que transcurría el tiempo su sentimiento iba en ascenso hasta transformarse en amor romántico. El conquistador se habituaba y ella se encariñaba. El costo de este juego era paradójico para sus intereses: los tristes finales le enseñaban que era más deseable que querible. Cada conquista terminaba por corroborar lo que en verdad quería negar. Ésa era la trampa: la intención de desquitarse y compensar los viejos fracasos hacía que inevitablemente los volviera a ratificar.

Claudia fue capaz de vencer su compulsión cuando aprendió a valorarse a sí misma. Una vez que comprendió que la apetencia afectiva desmedida lleva a la insatisfacción, la infidelidad perdió su sentido. Con la ayuda de un terapeuta logró mejorar su sexualidad y eliminar el significado mercantilista que le había otorgado a sus relaciones.

Para tener en cuenta e intentar ser fiel

Una buena autoestima ayuda a ser fiel. No hay nada mágico en esto: simplemente el filtro de los posibles candidatos y candidatas se estrecha de manera considerable. Y no me estoy refiriendo al narcisismo o a la pedantería del que excluye a los demás porque son menos, sino al autorrespeto que acompaña a los que se sienten valiosos.

Las personas que no se quieren a sí mismas son sumamente vulnerables a la seducción. Si pienso que soy feo, poco interesante y nada atractivo y alguien se fija en mí, sentiré una mezcla de alegría, incredulidad y agradecimiento (sobre todo esto último). Aceptar la invitación o la insinuación pasa a ser un acto de cortesía: "Gracias por aceptarme". En cambio, el que se quiere a sí mismo se "crece", se vuelve escurridizo, difícil y exigente, obviamente todo en un buen sentido. Su premisa es como sigue: si pongo la felicidad fuera, en lo que me dicen, y me ofrezco como un producto consumible, mi mundo interior entrará automáticamente en decadencia; no me vendo al mejor postor.

Querer autoafirmarte y reforzar tu amor propio mediante la conquista y la seducción compulsiva es una mala estrategia. La premisa es contundente: nadie podrá amarte de verdad si no te amas. Si decides entrar al juego de buscar aceptación a cualquier costo, ninguna pareja será suficiente porque te irás acostumbrando a sus halagos y manifestaciones de afecto, y como cualquier adicto, sentirás que necesitas cada vez más estimulación para sosegarte internamente y salvar tu autoconcepto. Dicen que en la variedad está el placer, pero en las lides del amor, la búsqueda frenética de la novedad genera dolor e insatisfacción.

Asuntos inconclusos: el regreso del primer amor

> *La época en que mejor amamos*
> *es aquella en que todavía pensamos*
> *que somos los únicos amadores*
> *y que nadie ha amado*
> *ni amará nunca tanto.*
>
> JOHANN WOLFGANG VON GOETHE

El caso del hombre que quiso resucitar el primer amor

Eduardo asistía a terapia debido a un problema de habilidades sociales que se hacía especialmente manifiesto en su lugar de trabajo: a veces le costaba decir "no" y algunos compañeros se aprovechaban de él. Un día cualquiera, el motivo de consulta inicial tomó un rumbo inesperado: "No le había contado antes porque pensé que iba a ser capaz de manejarlo solo, pero estoy metido en un problema demasiado complicado y no sé qué hacer. Tengo una amiga... No es cualquier amiga... Ella fue mi novia de toda la vida y volvió a aparecer ahora. El asunto se me salió de las manos. La estoy viendo desde hace unos meses... Quiero que me ayude, no quiero ser infiel a mi esposa". Debo reconocer que la noticia me sorprendió. Eduardo no era el típico mujeriego ni tampoco el hombre afectivamente inestable que suele enredarse con facilidad. Se había casado hacía tres años, estaba esperando a su primer hijo y tenía un proyecto de vida bien organizado.

El encuentro con su exnovia fue en un supermercado, después de cuatro años de no verla. Cristina era una mujer bellísima, alegre y simpática. Habían tenido una relación desde los dieciséis hasta los veintitrés años, cuando Eduardo se fue a estudiar inglés a Estados Unidos. En ese lapso ella conoció a otra persona, se enamoró y dejó a Eduardo de manera fulminante. Él no podía creerlo, así que se montó en un avión y regresó a reconquistar el amor perdido. Cristina al principio dudó, pero a la postre decidió quedarse con su nuevo amor y después de siete meses contrajo nupcias y se fue a vivir fuera del país. El día de la boda, Eduardo asistió a la ceremonia, se paró en la puerta de la iglesia y sólo se alejó del lugar cuando ella dio el "sí" definitivo. A partir de ese momento salió con algunas mujeres para tratar de matar la pena hasta que conoció a su actual esposa, la que limpió y sanó cada una de las heridas dejadas por Cristina. Este amor no era tan intenso como aquél, pero lo hacía crecer y le daba mucha paz interior.

Verla otra vez fue un revolcón para el corazón. Se preguntaron por las respectivas vidas, familias y amigos en común e intercambiaron teléfonos, direcciones y correos electrónicos. De esta manera se dio inicio a una fluida comunicación. En cierta ocasión Cristina le hizo un comentario que lo dejó pensando: "Mi marido es un buen hombre, pero no sé, no sé qué me pasa". Eduardo interpretó esa afirmación como una llamada de auxilio encubierta y corrió en su ayuda. A partir de ese momento empezaron a verse con más frecuencia y a tener una relación más íntima, aunque sin sexo.

En una consulta tuvimos la siguiente conversación:

EDUARDO: Estoy confundido… Ella volvió a despertar en mí algo que yo creía terminado.

TERAPEUTA: Es comprensible. El primer amor no es fácil de olvidar. Es el "debut" afectivo y sexual… No es cualquier experiencia.

EDUARDO: Ésa es una de las cosas que más me mortifican. Nunca hice el amor con ella. Nunca lo hicimos, pese a lo que sentíamos. Nos acercamos, pero jamás pude hacerla mía.

TERAPEUTA: ¿Y entonces?

EDUARDO: No sé, creo que me lo merezco… Yo estuve ahí todo el tiempo, en las buenas y en las malas… Fui fiel.

TERAPEUTA: ¿Ella qué opina?

EDUARDO: Dice que me ama…

TERAPEUTA: ¿Y tú?

EDUARDO: Creo que también… Pero pienso que además hay mucho deseo. Creo que he estado engañándome a mí mismo todo el tiempo con mi esposa. Yo pensaba que me había casado enamorado… Ya dudo, dudo de todo.

TERAPEUTA: ¿Cómo va el matrimonio de Cristina?

EDUARDO: Ella no está contenta. Quiere que sigamos adelante e incluso habla de separación.

TERAPEUTA: ¿Y tú qué quieres hacer?

EDUARDO: No lo tengo claro… Siento que ella forma parte de mí… No sé cómo explicarlo, hay algo que me empuja a estar a su lado, como si ése fuera mi lugar. La vida nos está dando otra oportunidad… Nos equivocamos una vez, pero todavía podemos enmendar las cosas…

TERAPEUTA: ¿Y tu mujer?

EDUARDO: Creo que debo hablar con ella… Me siento mal siéndole infiel.

No había mucho que hacer. Eduardo estaba "invadido" por Cristina. Consecuente con lo que sentía, decidió irse de la casa por un tiempo y experimentar a fondo su "reencarnación amorosa". Sin embargo, contra todo pronóstico, el intento tomó un rumbo inesperado. Unas cuantas semanas junto a ella fueron suficientes para que Eduardo entrara en crisis. A pesar del ímpetu y las ganas, la realidad se hizo evidente: ya no eran los mismos, y antes de los dos meses el hombre estaba de vuelta en su casa, aferrado a su mujer.

EDUARDO: No sé qué pasó… Fue como despertar… Todo en ella era distinto y ajeno a mí: sus gustos, la manera de pensar, sus metas… No era la Cristina que yo conocía.

TERAPEUTA: ¿Qué pasó con la sexualidad que tanto anhelabas?

EDUARDO: No me gustó su desnudez. No disfruté ni la pude sentir mía. No fue ni bueno ni malo, más bien insípido… Creo que uno se acostumbra a su pareja.

TERAPEUTA: ¿Cómo te sientes ahora?

EDUARDO: Arrepentido, liviano, libre.

TERAPEUTA: ¿Y qué hay de Cristina?

EDUARDO: Me sigue llamando, pero ya aprendí a decir "no".

Para tener en cuenta e intentar ser fiel

A veces, cuando estamos mal con la pareja o nos sentimos solos la memoria nos revuelca y el primer amor surge de las cenizas con una fuerza inusitada. Es cuando la nostalgia nos cuestiona por qué estamos acá, en vez de estar allá. En el silencio de nuestro cuarto, cara a cara con la almohada y en el más vergonzoso atrevimiento, nos permitimos pensar en lo que podría haber sido y no fue. Sin darnos cuenta, magnificamos, agrandamos y adornamos aquellos años locos, resaltamos la hidalguía de aquel espléndido príncipe o la bondad de esa singular e irrepetible "amada amante".

La mente puede momificar psicológicamente a una persona, detener el reloj y mantenerla invariable, así como alterar positivamente un recuerdo y embellecerlo. En ambos procesos la información almacenada se modifica para salvaguardar lo bueno: en la "momificación" nada cambia (el atributo no envejece y se hace eterno); en el "embellecimiento", el recuerdo se retoca tanto que ya no es el mismo (se glorifica o se santifica).

Todos sabemos que permanecer anclado a la historia afectiva y negarse a elaborar el duelo no es sano, pero en ocasiones la mente se empecina en tener vivo lo que ya expiró. Incluso esta necesidad de preservar al ser amado puede aproximarse a una curiosa forma de "necrofilia amorosa" francamente alucinante. Quizás el más reconocido y difundido sea el de Pedro I, quien desenterró el cadáver de su segunda esposa, Inés, después de doce años de muerta, la vistió de reina y la sentó a su lado en el trono para que los súbditos le hicieran la corte. En otro renombrado caso, según cuentan los cronistas, fue Juana la Loca quien cargó un ataúd con el cadáver embalsamado de Felipe (ya no tan hermoso) por años, el cual abría de vez en cuando para besarle los pies.

Nos gusta canonizar los primeros amores, sentimos que serán irreemplazables y queremos retenerlos o recuperarlos, no importa el costo. La infidelidad que se vive con el primer amor no ocurre con cualquiera, sino con la persona que "debe ser", con la que lo merece, como si se tratara de una franquicia concedida por el pasado: "Si voy a ser infiel con alguien prefiero que sea con quien inauguró mi corazón o mi vida sexual". No deja de ser absurdo: ¿realmente crees que existe una persona en el mundo, anclada en formol, que te espera y con quien el engaño está justificado? Una paciente me decía que cada vez que peleaba con su esposo, se encerraba a llorar y a maldecir por qué no se había casado con su primer novio, y mientras rumiaba su arrepentimiento, entre lágrima y lágrima, iba tejiendo una historia de amor (supuestamente la suya cuando era joven) que opacaba con creces la de Romeo y Julieta. Cuando profundizamos juntos el contenido de su melancólica narrativa descubrimos que el "hombre de sus sueños" nada tenía que ver en realidad con su primer amor, quien entre otras cosas le había sido infiel varias veces.

Si aún veneras tu primer amor y lo tienes como punto de referencia para comparar tu relación actual, quítalo del medio. Estás siendo injusta con tu pareja porque es muy probable que tu mente haya fabricado una imagen idealizada de lo que fue. No pongas a la persona que amas a competir con un ser inexistente y cuasi perfecto que sólo existe en tu imaginación. Mejor céntrate en lo que tienes, en lo que es tu mundo afectivo, en lo que eres, en lo que tu pareja representa para ti. Realismo crudo y bello: eso es el amor maduro. Si tu relación de pareja no está bien, un encuentro con el primer amor, así sea a tomar un inocente café, es meterse en la boca del lobo. En estos casos, las probabilidades de ser infiel son altísimas, y lo que suele guiar la infidelidad es el intento inmaduro e irracional de recuperar un pasado que ya no existe.

Nunca es tarde para ser infiel

*Todavía tengo casi todos los dientes,
casi todos mis cabellos y poquísimas canas.
Puedo hacer y deshacer el amor,
trepar una escalera de dos en dos
y correr cuarenta metros detrás del ómnibus,
o sea que no debería sentirme viejo.
Pero el grave problema es que antes
no me fijaba en estos detalles.*

MARIO BENEDETTI

Dos casos superpuestos: el "demonio del mediodía" y el "síndrome del nido vacío"

Al mirar el pasado, ¿quién no ha tenido alguna vez la sensación de que nos faltó algo por hacer o sentir? En general, nos inclinamos a pensar que si volviéramos a nacer haríamos muchas más cosas de las que hicimos y modificaríamos gran parte de nuestra biografía. Una mujer mayor me decía: "He estado pensando sobre mi vida y no me arrepiento de lo que hice, sino de lo que no hice. Aunque usted no me crea, sólo he besado a un hombre, que es mi marido, y no quiero morirme sin haber besado a otro, pero no sé por dónde empezar". Parecería que en ciertos momentos de la vida, sobre todo cuando ya no somos tan jóvenes, el ciclo vital nos empuja a una exploración totalmente inesperada. Los psicólogos sostienen que con el aumento del promedio de vida de la humanidad, los cincuenta años son el punto G del descontento. Rondando esta edad el superyó pierde autoridad y el cuerpo se independiza alegremente, sobre todo de la cintura para abajo.

Natalia y Rubén habían sido una pareja en apariencia estable y bien constituida, hasta que se casó el último de sus hijos. Como si se hubieran liberado de la obligación de la crianza o de algún tipo de represión autoimpuesta, luego del matrimonio, cada uno empezó a explorar y a crear un nuevo ambiente motivacional. Rubén decidió trabajar menos, jugar golf, salir con sus amigos y volver a retomar, según sus palabras, "al hombre que había sido en su juventud": comenzó a levantar pesas, renovó su vestuario, adelgazó y se tiñó el bigote. Con satisfacción, notó que las mujeres, en especial las jóvenes, lo miraban más, y que podía coquetearles sin tanto recato. En treinta años de casado sólo había tenido una pequeña aventura intrascendente. Un pensamiento había empezado a calar y sacudir sus paradigmas de "hombre felizmente casado": "Tengo cincuenta y tres años y me he portado toda la vida como un santo. He sido un papá responsable y un muy buen esposo. Creo que llegó la hora de pensar en mí... Podría morirme mañana". El permiso estaba dado: *el demonio del mediodía había hecho su aparición.*

Por su parte, sin tanta responsabilidad maternal, Natalia sintió que le crecieron alas y comenzó a vivir más intensamente. Volvió a salir con la amigas, a caminar todas la mañanas, renovó su vestuario para hacerlo más cómodo y un poco más sexy, tomó clases de tango, bajó de peso y cambió su peinado. Extrañada, notó que los hombres la miraban de manera distinta y descubrió que no le disgustaba en absoluto que fuera así, entre otras cosas porque jamás había estado con otro hombre que no fuera su marido. Un pensamiento cada vez más pertinaz atacó y removió su paradigma de "mujer felizmente casada": "Tengo cincuenta años y me he portado toda la vida como una santa. He sido una mamá responsable y una muy buena esposa. Creo que llegó la hora de pensar en mí... Podría morirme mañana". El permiso estaba dado: *el síndrome del nido vacío* había comenzado a funcionar.

A diferencia de Rubén, ella no pretendía volver a la lejana adolescencia ni ponerse a prueba, sino "curiosear" y tener nuevas experiencias. No estaba buscando al prototipo del amante, sino a algún compañero especial con quien salir de tanto en tanto y compartir algunas cursilerías, como ver un amanecer, comer helado, tomar un café y coquetear un poco. Como era de esperar, al poco tiempo, cada uno tenía su enredo. En una sesión les pregunté por qué seguían juntos y fueron enfáticos en que no pensaban separarse, pues sabían que todo lo que les estaba ocurriendo era transitorio: "Sólo queremos experimentar un tiempo". Al año ya estaban separados.

Para tener en cuenta e intentar ser fiel

Por lo general "el demonio del mediodía" y "el síndrome del nido vacío" no suelen ocurrir al mismo tiempo. Lo más común es que mientras uno se despeluca y cambia de personalidad, el otro observa aterrado la metamorfosis, sin saber qué hacer. Y lo más importante: el que se "libera" por efecto de cualquiera de los dos síndromes y adopta una nueva manera de ser ya no vuelve a ser el mismo. Las experiencias vitales nos transforman de manera definitiva.

Aunque estos cambios suelen ocurrir en cierto rango de edad, hay excepciones, y no faltan quienes se adelantan o atrasan en el calendario. Conocí una mujer que a los casi setenta años empezó su peregrinar amoroso hasta que encontró otro viajero del amor, un varón de ochenta, con su demonio a cuestas. La unión/arremetida/fusión fue inevitable y magnífica.

No digo que el ciclo vital necesariamente produzca los dos conflictos mencionados ni creo que la biología sea la principal responsable; más bien sostengo que existen crisis existenciales afectivas o sexuales que sacan a relucir el rebelde que llevamos dentro. Entonces, sin el menor temor al qué dirán y pasando por encima de las normas, decidimos hacer, decir y pensar lo que se nos da la gana. Para muchos es un premio o una especie de jubilación vivencial. La consigna que los mueve es muy reforzante: "Me lo he ganado".

Montarse en el ciclo vital y circular con él es un signo de madurez y de inteligencia emocional. No digo que no podamos darnos gusto, disfrazarnos de jóvenes de vez en cuando y saltar como un canguro en la discoteca de moda; lo que afirmo es que la autoaceptación es tan importante como el rejuvenecer. Hay un punto medio difícil de definir y precisar, un sitio donde somos lo que somos sin perder el encanto de llegar a ser. Ahí debemos permanecer. Cuando el péndulo se tranquiliza y las ansias se apaciguan, el tiempo real nos enseña lo evidente: la mejor edad es la que tenemos. Ni un segundo más, ni un segundo menos.

Epílogo. ¿Es posible se fiel?

Las estadísticas dan un margen de seguridad y esperanza a los que creen en la fidelidad: poco más de cuarenta por ciento de las personas supera el examen. La pregunta que surge es la siguiente: ¿qué atributo poseen estos individuos que no caen, a pesar de las tentaciones y los cantos de sirena? ¿Cuál es la virtud que ostentan los que logran mantenerse dentro del ámbito de la lealtad? ¿De dónde sacan tanto "valor"? La respuesta puede ser decepcionante para los amantes del romanticismo: no poseen nada de especial. No son faquires o ascetas entrenados en algún suburbio masoquista de la India, ni son eunucos. Aunque hay estilos personales y habilidades únicas, estos extraños ejemplares de fidelidad poseen un factor común: *permanecen en alerta, han tomado la decisión "política" de no dejarse seducir, conocen sus debilidades y saben dónde está el peligro.* No son esencialmente inconquistables, sino que han aprendido el complejo arte de esquivar y capotear la atracción inconveniente. Tampoco son santos o promotores de la continencia, son buenos jugadores, gambeteadores profesionales: se acercan a la hoguera, pero no meten la mano. Esto no significa que el amor no importe; por el contrario, la vigilancia constante resulta extenuante o imposible para alguien que no esté enamorado o no asuma el compromiso de pareja con el afecto necesario. Lo que sostengo es que "amar" no basta para ser fiel.

El amor real fluctúa, decae, sube, se enrosca, crece o nos explota en las manos, pero nunca está quieto. No digo que sea totalmente impredecible, sino que el afecto interpersonal es móvil por naturaleza, y aunque no lo notemos, se desplaza, se escurre, es cambiante y testarudo. Dejar la estabilidad de la pareja librada exclusivamente a los altibajos del sentimiento es una locura, porque "sentir" el amor apasionado no alcanza para crear un proyecto de vida estable y tranquilo. La fidelidad no sólo se siente: también se piensa, se "decide". Es mejor confiar en uno mismo que en el amor.

A lo largo de estas páginas he citado algunas vulnerabilidades psicológicas, biológicas y afectivas que predisponen a tener aventuras o amantes. En cada uno de los casos relatados aparecen "debilidades" específicas que nos empujan hacia la conducta infiel; sin embargo, un examen más detallado de las mismas mostrará que estos déficits no son necesariamente excluyentes entre sí, ya que la infidelidad es un problema multivariable y las causas se traslapan unas con otras: podemos haber recibido un mal ejemplo, estar mal casados, carecer de autocontrol, poseer una autoestima pobre y tropezarnos con el primer amor... todo al mismo tiempo.

Como sea, y con fines meramente didácticos, podríamos resumir los factores que precipitan a la infidelidad en los siguientes puntos:

1. Sobrestimar el amor y creerse invulnerable (*atención dormida*).

2. Creer que existe la persona ideal que se acomode exactamente a nuestras necesidades (*búsqueda perfeccionista*).

3. Utilizar la venganza como una forma de represalia e intentar salvar equivocadamente la dignidad personal mediante el revanchismo y la reparación tardía (*personalidad inmadura y poca inteligencia emocional*).

4. Tener una herencia biológica de infidelidad o una educación complaciente y tolerante con el engaño afectivo (*determinación genética y mal ejemplo*).

5. Ser incapaz de afrontar adecuadamente un problema de pareja y creer que la infidelidad es una opción válida para sostener un mal matrimonio (*malas estrategias de resolución de problemas*).

6. Pensar que la promiscuidad y la seducción son una manera adecuada de mejorar la propia autoestima (*entrega afectivo/ sexual generalizada*).

7. Sentir que en el pasado afectivo quedó alguna relación inacabada y que por tanto debe completarse o idealizar el primer amor al extremo que nadie alcance la medida (*momificación afectiva*).

8. No estar psicológica y afectivamente preparado para cuando los hijos se vayan o cuando se llegue a determinada edad (*desajuste en los ciclos vitales*).

¿Es posible ser fiel? Los ocho puntos señalados te ayudarán a serlo. En las buenas parejas, las que son emocionalmente maduras y honestas, no cabe la infidelidad. Primero intentarán resolver los problemas interpersonales de la mejor manera posible, y de fracasar en el intento, siempre preferirán una separación inteligente y bien llevada a mantener una vida repleta de engaños y mentiras. Las personas que practican una fidelidad sana (es decir, no basada en el miedo, la obligación sumisa o el sacrificio irracional) poseen una excelente capacidad de adaptación, tienen claro qué es negociable y qué no lo es, y jamás lastimarían intencionalmente a la persona que aman. Las parejas fieles mezclan amor, convicción y compromiso en cantidades adecuadas, sin alimentar quimeras y con los pies en la tierra.

Bibliografía

Allen, E., Rhoades, G. K., Stanley, S. M., Markman, H. J., Williams, T., Melton, J. y Clements, M. L. (2008). Premarital precursors of marital infidelity. *Family Process*, *47*, 243-259.

Atkins, D. C., Eldridge, K. A., Baucom, D. H. y Christensen, A. (2005). Infidelity and behavioral couple therapy: Optimism in the face of betrayal. *Journal of Consulting and Clinical Psychology*, *73*, 144-150.

Atkins, D. C., Baucom, D. H. y Jacobson, N. S. (2001). Understanding infidelity: Correlates in a national random sample. *Journal of Family Psychology*, *15*, 735-749.

Atkins, D. C., Dimidjian, S. y Jacobson, N. S. (2001). Why do people have affairs? Recent research and future directions about attributions for extramarital affairs. En V. Manusov y J. H. Harvey (Eds.), *Attribution, communication behavior, and close relationships* (pp. 305-319). Cambridge, UK: Cambridge University Press.

Bagarozzi, D.A. (2008). Understanding and treating marital infidelity: A multidimensional model. *The Americal Journal of Family Therapy*, *36*, 1-17.

Blow, A. J. y Hartnett, K. (2005). Infidelity in committed relationships II: A substantive review. *Journal of Marital and Family Therapy*, *31*, 217-233.

Beck, A. T. (2005). *Con el amor no basta*. Barcelona: Paidós.

Buss, D. M. y Shackelford, T. K. (1997). Susceptibility to infidelity in the first year of marriage. *Journal of Research on Personality*, *31*, 193-221.

Canto Ortiz, J. M., Leiva, P. G. y Jacinto, L. G. (2009). Celos y emociones: factores de la relación de pareja en la reacción ante la infidelidad. *Athenea Digital*, *15*, 39-55.

Fisher, H. E. (1996). *Anatomía del amor*. Buenos Aires: Emecé.

Fisher, H. E. (2004). *Por qué amamos*. Buenos Aires: Taurus.

Harris, Christine R. (2000). Psychophysiological responses to imagined infidelity: The specific innate modular view of jealousy reconsidered. *Journal of Personality and Social Psychology*, *78*, 1082-1091.

Harris, Christine R. (2003). Factors associated with jealousy over real and imagined infidelity: An examination of the social-cognitive and evolutionary psychology perspectives. *Psychology of Women Quarterly*, *27*, 319-329.

Lewandowski Jr., G. W. y Ackerman, R. A. (2006). Something's missing: Need fulfillment and self-expansion as predictors of susceptibility to infidelity. *The Journal of Social Psychology*, *146*, 389-403.

Markman, H. J. (2005). The prevention of extramarital involvement: Steps toward "affair proofing" marriage. *Clinical Psychology: Science and Practice*, *12*, 134-138.

Martell, C. R. y Prince, S. E. (2005). Treating infidelity in same-sex couples: In session. *Journal of Clinical Psychology*, *61(11)*, 1429-1438.

Mikulincer, M. y Goodman, G. S. (2006). *Dynamics of romantic love*. Nueva York: The Guilford Press.

Olmstead, S. B., Blick, R. W. y Mills III, L. I. (2009). Helping couples work toward the forgiveness of marital infidelity: Therapists' perspectives. *The American Journal of Family Therapy*, *37*, 48-66.

Pines, M. A. (2005). *Falling in love*. Nueva York: Routledge.

Rholes, W. S. y Simpson, J.A. (2004). *Adult attachment*. Nueva York: The Guilford Press.

Riso, W. (2012a). *Ama y no sufras*. México: Océano.

Riso, W. (2012b). *¿Amar o depender?* México: Océano.

Riso, W. (2012c). *Amores altamente peligrosos*. México: Océano.

Riso, W. (2012d). *Los límites del amor*. México: Océano.

Shackelford, T. K., Besser, A. y Goetz, A. T. (2008). Personality, marital satisfaction and probability of marital infidelity. *Individual Differences Research*, *1*, 13-25.

Schmitt, D. P. (2004). The big five related to risky sexual behaviour across 10 world regions: Differential personality associations of sexual promiscuity and relationship infidelity. *European Journal of Personality*, *18*, 301-319.

Singh, S., Singh, A. y Goyal, G. (2008). *Annals of General Psychology*, 5301.

Synder, D. K. (2005). Treating infidelity: Clinical and ethical directions. *JCLP*, *61*, 1453-1465.

Treas, J. y Giesen, D. (2000). Sexual infidelity among married and cohabiting Americans. *Journal of Marriage and the Family*, *62*, 48-60.

Vaknin, S. (2007). *Malignant self love*. Nueva York: Narcissus Publications, Prague and Skopje.

Varela Morales, P. (2009). El amor. En E. G. Fernández-Abascal (Coord.), *Emociones positivas*. Madrid: Pirámide.

Whisman, M. A., Gordon, K. C. y Chatav, Y. (2007). Predicting sexual infidelity in population-based sample of married individuals. *Journal of Family Psychology*, *21*, 320-324.

Esta obra se imprimió y encuadernó
en el mes de octubre de 2012,
en Impresiones Editoriales FT, S.A. de C.V.
que se localizan en la calle 31 de julio de 1859,
Mza. 102, Lt. 1090, Col. Leyes de Reforma, Iztapalapa,
C.P. 09310, México, D.F.